中国史话

物质文明系列

矿冶史话

A Brief History of
Mining and Metallurgy in China

唐际根 / 著

社会科学文献出版社
SOCIAL SCIENCES ACADEMIC PRESS (CHINA)

图书在版编目（CIP）数据

矿冶史话/唐际根著. —北京：社会科学文献出版社，2011.5
（中国史话）
ISBN 978 – 7 – 5097 – 2188 – 9

Ⅰ.①矿⋯　Ⅱ.①唐⋯　Ⅲ.①冶金工业－工业史－中国－古代　Ⅳ.①F426.3

中国版本图书馆 CIP 数据核字（2011）第 086266 号

"十二五"国家重点出版规划项目

中国史话·物质文明系列

矿冶史话

著　　者／唐际根

出 版 人／谢寿光
总 编 辑／邹东涛
出 版 者／社会科学文献出版社
地　　址／北京市西城区北三环中路甲 29 号院 3 号楼华龙大厦
邮政编码／100029

责任部门／人文科学图书事业部 （010）59367215
电子信箱／renwen@ ssap. cn
责任编辑／范明礼
责任校对／王　鹏
责任印制／郭　妍　岳　阳
总 经 销／社会科学文献出版社发行部
　　　　　（010）59367081　59367089
读者服务／读者服务中心（010）59367028

印　　装／北京画中画印刷有限公司
开　　本／889mm×1194mm　1/32　　印张／5.75
版　　次／2011 年 5 月第 1 版　　　字数／106 千字
印　　次／2011 年 5 月第 1 次印刷
书　　号／ISBN 978 – 7 – 5097 – 2188 – 9
定　　价／15.00 元

总　序

中国是一个有着悠久文化历史的古老国度，从传说中的三皇五帝到中华人民共和国的建立，生活在这片土地上的人们从来都没有停止过探寻、创造的脚步。长沙马王堆出土的轻若烟雾、薄如蝉翼的素纱衣向世人昭示着古人在丝绸纺织、制作方面所达到的高度；敦煌莫高窟近五百个洞窟中的两千多尊彩塑雕像和大量的彩绘壁画又向世人显示了古人在雕塑和绘画方面所取得的成绩；还有青铜器、唐三彩、园林建筑、宫殿建筑，以及书法、诗歌、茶道、中医等物质与非物质文化遗产，它们无不向世人展示了中华五千年文化的灿烂与辉煌，展示了中国这一古老国度的魅力与绚烂。这是一份宝贵的遗产，值得我们每一位炎黄子孙珍视。

历史不会永远眷顾任何一个民族或一个国家，当世界进入近代之时，曾经一千多年雄踞世界发展高峰的古老中国，从巅峰跌落。1840 年鸦片战争的炮声打破了清帝国"天朝上国"的迷梦，从此中国沦为被列强宰割的羔羊。一个个不平等条约的签订，不仅使中国大量的白银外流，更使中国的领土一步步被列强侵占，国库亏空，民不聊生。东方古国曾经拥有的辉煌，也随着西方列强坚船利炮的轰击而烟消云散，中国一步步堕入了半殖民地的深渊。不甘屈服的中国人民也由此开始了救国救民、富国图强的抗争之路。从洋务运动到维新变法，从太平天国到辛亥革命，从五四运动到中国共产党领导的新民主主义革命，中国人民屡败屡战，终于认识到了"只有社会主义才能救中国，只有社会主义才能发展中国"这一道理。中国共产党领导中国人民推倒三座大山，建立了新中国，从此饱受屈辱与蹂躏的中国人民站起来了。古老的中国焕发出新的生机与活力，摆脱了任人宰割与欺侮的历史，屹立于世界民族之林。每一位中华儿女应当了解中华民族数千年的文明史，也应当牢记鸦片战争以来一百多年民族屈辱的历史。

当我们步入全球化大潮的 21 世纪，信息技术革命迅猛发展，地区之间的交流壁垒被互联网之类的新兴交流工具所打破，世界的多元性展示在世人面前。世界上任何一个区域都不可避免地存在着两种以上文化的交汇与碰撞，但不可否认的是，近些年来，随着市场经济的大潮，西方文化扑面而来，有些人唯西方为时尚，把民族的传统丢在一边。大批年轻人甚至比西方人还热衷于圣诞节、情人节与洋快餐，对我国各民族的重大节日以及中国历史的基本知识却茫然无知，这是中华民族实现复兴大业中的重大忧患。

中国之所以为中国，中华民族之所以历数千年而不分离，根基就在于五千年来一脉相传的中华文明。如果丢弃了千百年来一脉相承的文化，任凭外来文化随意浸染，很难设想13亿中国人到哪里去寻找民族向心力和凝聚力。在推进社会主义现代化、实现民族复兴的伟大事业中，大力弘扬优秀的中华民族文化和民族精神，弘扬中华文化的爱国主义传统和民族自尊意识，在建设中国特色社会主义的进程中，构建具有中国特色的文化价值体系，光大中华民族的优秀传统文化是一件任重而道远的事业。

当前，我国进入了经济体制深刻变革、社会结构深刻变动、利益格局深刻调整、思想观念深刻变化的新的历史时期。面对新的历史任务和来自各方的新挑战，全党和全国人民都需要学习和把握社会主义核心价值体系，进一步形成全社会共同的理想信念和道德规范，打牢全党全国各族人民团结奋斗的思想道德基础，形成全民族奋发向上的精神力量，这是我们建设社会主义和谐社会的思想保证。中国社会科学院作为国家社会科学研究的机构，有责任为此作出贡献。我们在编写出版《中华文明史话》与《百年中国史话》的基础上，组织院内外各研究领域的专家，融合近年来的最新研究，编辑出版大型历史知识系列丛书——《中国史话》，其目的就在于为广大人民群众尤其是青少年提供一套较为完整、准确地介绍中国历史和传统文化的普及类系列丛书，从而使生活在信息时代的人们尤其是青少年能够了解自己祖先的历史，在东西南北文化的交流中由知己到知彼，善于取人之长补己之短，在中国与世界各国愈来愈深的文化交融中，保持自己的本色与特色，将中华民族自强不息、厚德载物的精神永远发扬下去。

《中国史话》系列丛书首批计 200 种，每种 10 万字左右，主要从政治、经济、文化、军事、哲学、艺术、科技、饮食、服饰、交通、建筑等各个方面介绍了从古至今数千年来中华文明发展和变迁的历史。这些历史不仅展现了中华五千年文化的辉煌，展现了先民的智慧与创造精神，而且展现了中国人民的不屈与抗争精神。我们衷心地希望这套普及历史知识的丛书对广大人民群众进一步了解中华民族的优秀文化传统，增强民族自尊心和自豪感发挥应有的作用，鼓舞广大人民群众特别是新一代的劳动者和建设者在建设中国特色社会主义的道路上不断阔步前进，为我们祖国美好的未来贡献更大的力量。

陈奎元

2011 年 4 月

⊙唐际根

作者小传

　　唐际根，江西萍乡人。先后就读于北京大学、中国社会科学院研究生院、英国伦敦大学。考古学博士。1997年起主持甲骨文出土地安阳殷墟遗址的考古发掘，随后发现商王朝中期都邑洹北商城，并由此提出商王朝历史的考古编年新框架。2005年协助中国政府成功将殷墟列入世界文化遗产名录。在国内外重要学术刊物发表论文100余篇，出版学术专著6部（含与他人合著）。　个人事迹和文章多次见于《人民日报》、《光明日报》、《文汇报》、《瞭望周刊》等国内外媒体。

目　录

引　言 ……………………………………………………… 1

一　史前时期的矿冶业 …………………………………… 5

1. 岩石、矿产、旧石器时代人类 ………………… 7

2. 陶器与用火 ……………………………………… 9

3. 自然金属的识别与原始矿物概念的形成 ……… 11

4. 社会经济基础与社会组织结构 ………………… 12

5. 炼铜术的开端 …………………………………… 16

6. 冶铜术的发明对史前社会的影响 ……………… 21

二　夏商至春秋时期的矿冶业 …………………………… 23

1. 铜器的冶铸与中国青铜时代 …………………… 24

2. 铁器冶炼的开始 ………………………………… 41

3. 初识金银 ………………………………………… 45

4. 铅与锡的冶炼 …………………………………… 50

5. 朱砂、颜料、汞 ………………………………… 54

三 战国至西汉前期的矿冶业 ················· 56

  1. 铁矿的开采与铁器的冶炼 ············· 57

  2. 铜矿的开采与铜的冶炼 ············· 62

  3. 金银的采淘和冶炼 ············· 66

  4. 金属铅锡的冶炼和汞的提取 ············· 70

四 西汉后期至南北朝时期的矿冶业 ········· 72

  1. 独特的钢铁冶炼体系 ············· 73

  2. 冶铜术的继续发展 ············· 86

  3. 金银矿的开采与提炼 ············· 92

  4. 铅锡的冶炼和汞的冶炼 ············· 101

五 隋唐宋元时期的矿冶业 ················· 103

  1. 冶铁业 ················· 104

  2. 冶铜业 ················· 113

  3. 金与银的采炼 ················· 120

  4. 铅矿锡矿与汞矿的开采及其提炼 ········· 132

六 明清时期的矿冶业 ················· 136

  1. 冶铁业 ················· 137

  2. 铜的冶炼 ················· 146

  3. 淘金与炼银 ················· 150

  4. 金属锌的提炼 ················· 155

  5. 其他有色金属的冶炼 ················· 157

参考书目 ················· 161

后 记 ················· 162

引 言

　　矿冶，是人们从自然界开采矿石，并以物理的或化学的手段提取矿石中的金属或有用矿物的生产过程。

　　人类文明的起源和发展，与矿冶业的起源与发展有着密切的关系。

　　作为人类童年期的旧石器时代，人类尚不具备矿冶的知识，只能利用竹、木、燧石、石英等天然材质，对其略作加工，制成简单的工具。由于生产力水平十分低下，当时人们以采集和狩猎作为主要的生存手段，体质的进化和社会组织、社会经济的发展都很缓慢。新石器时代早期，烧制陶器技术为人类所掌握，这是人类首次改变自然资源（陶土）的化学结构来制造产品为人类所用。然而烧制陶器不是严格意义上的矿冶行为，尽管陶器的生产带来了人类生活的重大变化（尤其是饮食方面的变化），并且出现了陶刀、陶纺轮、陶网坠等陶质生产工具，但真正的矿冶业所引发的生产方式和生活方式的变革，要更为广阔、深入和彻底。中国古代最早的矿冶行为，是从冶炼红铜开始的，时间当在新石器时代的后期，距今已有六七千年的历史。

大致在中国史前时期的龙山文化阶段，我们的祖先已能冶炼青铜。随着青铜器在社会生产和生活中的逐渐推广和使用，约在公元前 2000 年前后，古代中国迎来了辉煌的青铜时代。铁是继青铜之后在人类社会生产和生活中具有决定性作用的金属。中国冶铁业的发展因不同地区的地理条件和社会发展水平不同而有所差异。中原一带的冶铁技术约出现于西周中晚期，今新疆一带可能还要略早一些，但在其他边远地区，铁器的应用是战国以后的事。铁器的出现，带来了中国历史上重大的社会变革。随着铁器的普及，农业生产水平明显提高，更多的荒地被开垦，手工业门类增加，文化艺术繁荣，政治格局焕然一新。

历史告诉我们，矿冶技术水平的发展，是与社会发展的步伐相一致的。矿冶水平愈高，社会生产力愈高，社会发展速度也愈快，这是一条经过千百年历史不断检验的真理。即使今天，矿冶业仍然是判别一个国家国力的重要标准。在发达国家，矿冶也较为发达，在一些贫困落后的国家，矿产资源的开采水平也较低。因而，研究中国矿冶史，不仅仅是一个继承和弘扬民族文化遗产的问题，同时也是认识和研究古代历史和古代文化的一项基础工作。研究中国历史而不研究中国古代矿冶，显然是十分片面的。中国古代史上的冶金成就，有不少直到今天仍有一定的实际参考价值。

研究中国古矿冶的资料，主要有 20 世纪以来中国考古工作者发现和发掘的大量古代金属实物标本和古代矿冶遗址。中国丰富的古代文献中也保存了许多矿冶方面的重要记录，甚至还有一些古代学者的研究心得。《禹贡》和《山海经》是年代最早的两部有关古代矿冶的重要著作。各代正史中的《地理志》、《食货志》，以及一些地方史志中也有一些矿冶方面的记载。

宋代沈括的《梦溪笔谈》和明代宋应星的《天工开物》是中国历史上较早对矿冶经验加以考察并有所研究的两部著作。

20世纪以来，中国矿冶史的研究逐步得到加强。章鸿钊先生在其1920年代的出版物《石雅》一书中，曾对中国冶铜、冶铁术的起源加以考察。1954年，章鸿钊先生著《古矿录》，对古代矿产进行了初步的整理和研究。随后，著名学者张子高、杨宽、黄展岳等先生也发表了一系列文章，探讨中国古代矿冶尤其是中国古代冶铁术的问题。其中黄展岳先生的《近年出土的战国两汉铁器》一文，迈出了以考古资料研究古代矿业的新步伐。张子高先生在《中国化学史稿》一书中，对中国古代冶金术提出了许多重要看法。杨宽先生则以其《中国古代冶铁技术发展史》一书，系统考察了中国历代冶铁术的发展情况。1970年代，中国矿冶史的研究出现高潮。学者们从全国各地不断发现的考古新资料出发，对中国古代矿冶业的许多方面进行了开创性的研究。其中最重要的有中国社会科学院考古研究所铜绿山工作队根据铜绿山东周炼炉遗存所做的炼炉复原和炼铜模拟实验以及中国科学院自然科学史研究所、北京钢铁学院（今北京科技大学）冶金史教研室等单位参与或主持的一系列分析鉴定工作。在这些成果的基础上，北京钢铁学院冶金史教研室主持编写了《中国冶金简史》一书，第一次比较全面系统地介绍了中国古代冶金技术的成就。夏湘蓉、李仲均、王根元先生编著的《中国古代矿业开发史》则主要从文献的角度探讨了中国古代的矿冶业。1980年代以后，矿冶业的研究又取得了新的进展。首先，有关古代冶金的考古发现有重大突破，如江西瑞昌铜岭古铜矿遗址、安徽铜陵古铜矿遗址的发现与发掘。其次，研究范围得以充分展开，专题研究更加深入。其间最为突出的研究成果有华觉明等先生对商周时期青铜铸造术的考察以及对战国、汉魏时期冶铁术的研究，李京华先生对以河南为中心的古代冶铁、冶铜技术的研究，韩汝玢、吴坤仪等先生对古代冶金术的研究等。

在中国古矿冶史的研究中，我们始终不能忘记夏鼐先生的学术成就及他在研究工作的组织和引导方面所作出的重大贡献。

本书力图展示中国矿冶业和矿冶技术的发展历程和辉煌成就。追忆往昔，励志未来，炎黄子孙当奋发图强，去创造更加灿烂的业绩。

一 史前时期的矿冶业

人类的历史，可以有无文字记载为标准，划分为历史时期和史前时期两大阶段。

中国史前历史的上限如果从元谋人算起，距今大约已有 170 万年，其下限一般认为到铜石并用时代结束，即公元前 2000 年左右。公元前 2000 年以后，历史进入史有所载的夏商周时代。

中国史前历史，占据了中国人类发展史的绝大部分时间。在漫长的史前阶段，人类完成了从猿人（直立人）到古人（早期智人）再到新人（晚期智人——解剖学上的现代人）的人类自身体质上的进化和完善；完成了从以狩猎和采集为核心的"攫取式经济"，到以火耕农业、锄耕农业为核心的"生产式经济"的经济生产方式的转变。

从旧石器时代的简易打制石器到新石器时代早期、中期的磨制石器，再到新石器时代晚期的石器与红铜、青铜器共处；从不知道使用陶器到陶器的发明；从穴居到小型村落定居，再发展为以城堡为中心的大型聚落；从没有家畜到畜养家畜；从原始的乱婚、对偶婚，

5

发展为一夫多妻制或一夫一妻制；从个体式劳动到劳动的简单协作，再发展到社会劳动分工；从原始群到低级的氏族部落组织，进而发展为部落联盟和酋邦。中国史前时期的矿冶业，就是以上述社会进步的巨大成就为背景而逐步发生和发展起来的。

旧石器时代，人类在打制石器和使用石器的过程中，逐渐熟悉了部分岩石的物理特性。但由于矿冶是一项需要经验、知识、技术及专门的生产者等多种条件的复杂劳动，因而当时尚无矿冶可言。

新石器时代早期，人们学会了陶器的烧制，首次用火改变了自然资源的化学结构。新石器时代中期，制陶烧陶技术提高了人们用火和控制火的水平。尽管烧制陶器与从矿石中提取金属或有用矿物的冶金技术仍有质的区别。但毕竟距冶金术的发明只有一步之遥。新石器时代晚期，随着社会组织结构的进步和劳动分工的产生，尤其是人们对红铜等天然金属的认识利用，以及烧制陶器过程中获得的提高和控制温度的知识，原始的矿冶业终于产生了。

新石器时代晚期的后一阶段，冶铜的知识逐渐被更多的人所接受。以燃烧单种矿石为基础的低级矿冶技术使人们在获得红铜的同时，也获得了部分原始青铜、黄铜制品（当矿石是铜锡共生矿或铅锌铜共生矿时，可分别获得这两种铜合金）。史前时期，原始的铜器应用于人们的生产和生活中，部分地替代石器或竹、木器，对史前人的生产与生活产生了一定影响。

史前矿冶业所走过的道路，是一段漫长的历史。

岩石、矿产、旧石器时代人类

史前历史的早期阶段，人类无时不面临着巨大的生存压力。低下的生产力和以采集、狩猎为核心的"攫取式经济"，使他们与大自然融为一体。一切都要依赖于大自然。

岩石，是大自然中最常见的物质，人类与岩石的关系，自从人类诞生之初就已经开始了。旧石器时代，人类通常以洞穴和岩荫为栖居地，为了获得有力的生存手段，他们选择了用岩石来打制各种狩猎工具以及用来切割毛皮、割啖肉食、砸骨取髓的各类石器。

考古发现表明，中国史前人类对岩石的利用，一开始便有意识地进行了严格的挑选。

旧石器时代早期，人类似乎对石英岩和脉石英有着特殊的偏好。著名的云南元谋人遗址中出土的几件石器都是石英岩；山西芮城县西侯度古文化遗址现已出土石制品数十件，原料绝大部分为石英岩，少数为脉石英和火山岩；著名的蓝田猿人遗址所发现的石器主要也是石英岩和脉石英；北京猿人遗址经几十年的考古工作，共发现石制品 10 万余件，其中以脉石英为原料者占全部材料的 78%。山西芮城县匼河文化遗址和湖北大冶石龙头遗址出土的旧石器时代早期石器，大部分仍为石英岩。

石英岩是一种由石英砂岩变质而成的变质岩，这种岩石具有较强的光泽，质地坚硬致密，的确是制造石器的上好材料。脉石英的物理性质与石英岩类似。

对石器原料有意识的选择，表明旧石器时代早期人类对不同岩石的性能已经有所了解。

旧石器时代中期，制造石器的原料主要有 3 种，即石英岩、角页岩和燧石。如陕西大荔县发现的大荔人所用石器以石英岩为主，燧石次之；山西阳高县许家窑人所使用的各种石器也以石英岩、燧石居多；发现于山西襄汾县的著名的丁村人遗址石器则以黑色角页岩为主，占 95％，其余为石英岩、燧石；贵州桐梓人的石器原料主要是燧石。

毫无疑问，旧石器时代中期，人类寻找优质岩石的努力取得了新的成果。作为岩石学上致密块状微晶质岩石的角页岩，以及有一定蜡状光泽和致密坚硬的燧石被提到了与石英岩同等重要的地位。

旧石器时代晚期以后，脉石英、石英岩仍被采用，但颜色、质地俱佳、加工更为便利的燧石越来越为人们所喜爱。山西朔县峙峪遗址及北京房山山顶洞遗址所出石器中，脉石英、石英岩、燧石并存。山西沁水县下川乡的下川文化遗址中，黑色燧石占了绝对多数。安阳小南海洞穴遗址中的石器原料是从洞外运入的，也以燧石为大宗，另有少量石英岩。内蒙古呼和浩特东郊的旧石器晚期石器制造场被认为是专门开采燧石石料并制造石器的地方；汉原富林遗址曾发现丰富的石器，其原料也是附近山上出产的燧石。

不言而喻，旧石器时代晚期，人类对岩石的观察，尤其是对不同岩石物理特性的了解又近了一步。

现代矿物学中，一切埋藏在地下或分布于地表（包括地表水体）的可供人类开采利用的天然矿物资源，都可泛称矿产。按照这一概念，脉石英、石英岩、燧石、角页岩无疑是史前人类尤其是旧石器时代人类的重要矿产资源。

然而，旧石器时代人类对燧石、石英岩、脉石英等岩石的利用，仅仅停留在对岩石的直接破碎、加工、使用上。人们还不懂得岩石实际是由多种矿物按一定规律组成的矿物集合体，还不可能有意识地去提取其中的有效组分。

2 陶器与用火

新石器时代是继旧石器时代之后的一个新的史前历史发展阶段。

新石器时代与旧石器时代的根本区别，在于人类生存方式的变革。农业经济的产生、家庭畜牧业的发展，使人们的经济活动由"攫取式经济"转变为"生产式经济"。与这一变化相适应，作为人类主要生产工具的石器在种类和制作技术上取得了很大的发展。磨制石器普遍使用，其中包括石斧、石锛、石刀、石镰、石磨盘、石磨棒等粮食生产、收割及加工农具。陶器发明了。由于陶器在炊煮、取水、存储等方面具有其他质料容器所不能比拟的优越性，因而发展十分迅速。

恩格斯曾经提到，陶器的制造是由于在竹编的或木制的容器上涂上黏土使之能够耐火而产生的。我们姑且不论陶器的发明最初出于何种原因，火在陶器制造过程中所起的决定性作用却是无可争辩的。

人类用火，可以上溯到旧石器时代早期的北京人时代甚至元谋人时代。但旧石器时代人们取火的目的，主要在于御寒和烧烤肉食。新石器时代人们用火来烧制陶器的自觉活动，反映出人们已经意识到，火所产生的高温，可以改变黏土的性质。这是人们对火的认识的一次新的飞跃。这一飞跃，是史前矿冶业产生的一个必不可少的条件。

史前人类掌握了制陶技术后，不断提高着控制火的技能。最初人们烧制陶器的方法十分简单，通常只将手制好的陶坯堆放于地表，然后加薪烘烧。这样烧制出来的陶器火候低，吸水率大，不很结实。我们所知的属于新石器时代早期的江西万年仙人洞遗址及新近发现的河北徐水南庄头遗址出土的陶器和陶片，大体就是这样烧制的。一些新石器时代中期陶器，如老官台文化、磁山文化、裴李岗文化遗址中出土的陶器，火候也不甚高。然而，到仰韶文化半坡类型阶段，烧制陶器的工艺水平取得了重大进展。绝大部分陶器火候明显提高，而且制作规整、装饰绚丽。尤其是彩陶，兼具实用和审美双重特性，成为最受欢迎的陶器。仰韶文化时期陶器制作工艺的巨大进步，是与陶窑的发明和普遍使用紧密相连的。著名的陕西西安半坡遗址及临潼姜寨遗址均发现了仰韶时期的陶窑。陶窑的出现，不仅可以保持烧窑时必要的高温，还可以有效地控制燃烧气氛。根据对一些仰韶文化陶片的测试，当时一般陶器的烧成温度可达 950℃ ~ 1050℃，而所测定的新石器时代中期磁山文化、裴李岗文化的陶器的烧成温度只有 700℃ ~ 930℃。烧制仰韶陶器的这一温度，已经接近以氧化铜矿炼取纯铜的温度（1083℃）。值得注意的是，人们在烧窑过程中，会获得部分木炭。当人们发现木炭比木柴具有更高的燃烧温度时，木炭势必会成为首选燃料，这就使冶铜业的发展具备了另一个重要条件。

3 自然金属的识别与原始矿物概念的形成

地球表面重要的矿物资源中，有一类以单质在自然界存在的自然金属，如自然金、自然银和自然铜。

纯的铜颜色呈玫瑰红色。金则呈金黄色或浅黄色。这两种自然金属均具金属光泽，硬度较低，延展性较好，比重较大（自然铜的比重约 8.9，自然金的比重 15.6 ~ 19.3）。

自然铜与自然金的上述物理特性，决定了它们易于被发现、加工和被利用。

史前人类在其野外生存活动中，尤其是在他们采拣石料、制作石器的过程中，一定有机会遇到这两种在自然界天然存在着的金属，并对它们加以注意。从理论上，我们有理由认为，红铜与黄金大约应在同一时期被人们发现和利用。不过迄今为止的考古发现表明，人类最先认识和使用的金属是红铜。

中国史前时期有关红铜制品的考古发现，主要集中于龙山时代诸考古文化遗址中。众多的龙山时代古文化遗址，如河南郑州董砦、牛砦，淮阳平粮台、山西襄汾陶寺、山东诸城呈子、日照尧王城等，均有红铜制品出土。这些红铜制品中，有一部分应该即是直接由自然铜打制而成的。

天然红铜的利用对于史前矿冶业的产生主要具有两方面的意义：一是人们从此掌握了一定的金属方面的知识。红铜的物理性能既不同于骨角牙蚌，也不同于石材，它的延展性和金属光泽使其不仅成为小件工具的上好材料，同时又可用来加工成装饰品。人类由此逐渐产生了对红铜这一金属的进一步需求。二是天然红铜作为一种以单质形式存在于自然界的自然产出矿物，并非孤立地存在。自然铜常常是与其他形式的矿物共生的。史前人在开采自然铜时，同时也对一些其他形式的重要矿物如孔雀石、赤铜矿、蓝铜矿产生了感性认识。而这种感性认识，正是史前矿冶业的重要基础。

4 社会经济基础与社会组织结构

矿冶业是一项较为复杂的生产劳动。矿冶业的产生除了物质和技术方面的条件之外，还需要一定的社会历史条件。

旧石器时代，农业尚未出现。虽然一部分人已走出岩荫和洞穴，开始建造房屋，但尚未形成真正的定居村落。人类的社会组织结构还十分简单。

中国新石器时代早期阶段文化的发现和研究，目前是一个相对薄弱的环节。属于这一阶段的考古发现主要有广东阳春、封开、翁源等地的洞穴遗址，山西榆茨大井遗址，陕西大荔沙苑遗址，江西万年仙人洞遗址等。近年发现并经科学发掘的河北徐水南庄头遗址和湖南澧县彭头山遗址是新石器早期考古学文化的新的宝贵资料。

中国早期新石器时代的年代大约为公元前9000～前6000或前5500年左右。当时，农业生产及家庭畜养已经成为人们获取食物的重要来源，不过这时的所谓农业尚处于"火耕"阶段，粮食收成不甚稳定。采集与渔猎在经济生活中仍占很大比重。根据现有资料，我们还难以洞悉当时的社会组织结构。

中国新石器时代中期的年代为公元前6000或前5500～前4500或前4000年前后（各地文化发展不平衡）。这一时期的重要考古学文化有黄河流域的老官台文化（又称大地湾一期文化）、磁山文化、裴李岗文化、北辛文化；长江流域的河姆渡文化、马家浜文化早期、城背溪文化（也称前大溪文化）；辽西地区的兴隆洼文化、赵宝沟文化。农业经济已经从"砍倒烧光"的火耕农业发展到翻土耕种的锄耕农业。黄河流域已普遍种粟，长江流域则以水稻种植为主，兼及一些块茎类可食植物。家畜饲养在农业发展的基础上有所进步，猪、狗、牛、鸡是主要家畜品种。打制石器的比例显著减少，磨制石器普遍使用。陶器用于炊煮、盛放、存储食物，是人类生活必不可少的部分。石器的精磨细琢与陶器的大量生产，可能意味着简单劳动分工的产生，但这种分工看来还很不固定。社会组织中等级观念尚不明显，劳动管理、财产分配等仍然主要通过民主方式进行。

中国新石器时代晚期的年代大致可以划定在公元前4500或前4000～前2000年前后这一区间内。

中国新石器时代晚期又可以划分为前后不同的两个发展阶段。中国新石器时代晚期前一阶段的绝对年代约为公元前4500或前4000～前2800年前后。黄河中游、渭水上游一带，由于史前文化发展迅速，进入新石器时代晚期的时间要早一些。重要的新石器时代晚期考古学文化主要有黄河流域的仰韶文化、大汶口文化、马家窑文化，长江流域的大溪文化、屈家岭文化、马家浜文化，辽西地区的红山文化等。这时，石器及骨、角、蚌器的制作有了新的进步，陶器更为精致、规整，火候明显提高。彩陶是这一时期陶器的显著特色。渔猎经济仍然占有一定的比例，锄耕农业与家畜饲养已成为人类生存的经济支柱。社会生产中的分工协作进一步加强。一些典型的新石器时代晚期村落遗址，如著名的西安半坡遗址、临潼姜寨遗址、皖北蒙城尉迟寺遗址，居住地皆以壕沟围绕，房屋错落有致。公共墓地分布在壕沟的外围。烧制陶器的作坊也集中起来，形成了专门的窑场。与具体的劳动分工相适应，社会结构明显复杂化，很可能形成了氏族—胞族—部落这样的分级结构。陕西华县元君庙和华阴横阵村的仰韶文化墓地似乎即反映了这一情况。

中国新石器时代晚期的后一阶段开始于公元前2800年左右。至于其下限，多数地区约在公元前2000年左右，有的地区还要更晚一些。这一阶段的考古学文化主要有黄河流域的客省庄二期文化、陶寺类型文化、后冈二期文化（后冈类型、王湾类型、三里桥类型、王油坊类型、下王岗类型）、山东龙山文化；长江流域的石家河文化、良渚文化等。这一阶段最显著的特点是，铜器在生产和生活领域中开始占有一席之地。各类打制和磨制的石器仍在使用，轮制陶器技术得以推广。由于掌握了密封式窑烧陶技术，陶器一般呈灰色或黑色，火候普遍提高。器类分化明显，以鬲为代表的带足炊器十分盛行。发达的锄耕农业使粮食有了一定的剩余，酿酒技术得到发展，饲养业更为发达，牛、羊、猪、狗、鸡是主要饲养对象。随着原始宗教的发展，出现了玉琮、玉璧、玉瑗等礼器，礼制开始形成，社会组织内部逐步演变成多级结构，形成了明显的权力中心，出现了阶级。劳动分工更为密集，产生了一些新的行业（如酿酒、冶铸）。分工协作与有效的劳动管理，使一些劳动产品大大突破了原有的规模。城堡一类的大型建筑出现了。

从旧石器时代到新石器时代，从新石器时代早期到新石器时代中期，再到新石器时代晚期，各个发展阶段的社会经济状况及社会组织结构对于我们探讨史前矿冶业的产生与发展具有重要意义。旧石器时代以采集和渔猎为中心的经济生产方式，建立在人类的双手和竹、木、石器等简单工具上。矿冶业的产生条件远未形成。新石器时代早期虽然有了农业，但当时劳动的全部意义尚在于维持最基本的生存需要。新石器时代中期，农业生产与家庭畜养业都有所进步，生产领域出现了临时性的劳动分工，但由于没有形成较复杂的社会组织结构，任何人都不可能在不顾及自己衣食需求的情况下去专门从事一项与衣食无关的劳动。这时偶然采集并利用红铜，甚至黄金等天然金属是可能的，但产生矿冶业的条件仍未成熟。新石器时代晚期，人类的经济活动水平大为提高，粮食已有所剩余。劳动分工日益固定，社会组织结构的复杂化导致有效劳动管理的出现。少数人已有可能完全脱离农业生产和家庭畜养而专门从事诸如制作石器、烧窑制陶一类的职业。原始矿冶业的产生条件已全面成熟。

炼铜术的开端

日本学者宫崎虎一曾经设想，人类冶炼金属经历过这样一个过程：人类最初与其他动物一样，颇畏火热，视火为魔物。后来发现火不仅可以取暖，还可以烧煮食物。在偶然的情况下，人们在焚火的地方放置了一块矿石，事后发现矿石被熔解，还原成了金属颗粒。这些金属颗粒混入灰烬之中，被人捡起。人们自然会注意到这种现象很稀奇，于是加以研究。冶金术便产生了。

宫崎还认为，最初用以炼制金属的矿物，必是低温下易于还原者。似乎最有可能是孔雀石和铅的氧化矿，最初还原所得的金属，应是铜或铅。

宫崎的设想的确具有很大的合理成分。从现有资料分析，中国史前人类最早冶炼出来的金属，很可能是含有一定杂质的红铜。

我们已经提到，史前人类最先接触到的金属是自然铜。自然铜通常以姜状、树枝状、丝状或颗粒状的形态存在于自然界，体积大小不一。1943年甘肃矿业公司甘肃矿产测勘总队发表的《甘肃地质矿产调查报告书》中，曾对自然铜做过这样的描述："武威、张掖、酒泉之南……祁连山北麓各沟谷中之砂砾层，含有大块自然铜，普通皆长3寸、宽2寸。所见之最大者，长1尺余、宽6寸、厚3寸，皆无棱角。"据观察，自然铜通常出露在铜矿矿脉中，与其他形态的铜矿矿物或其他矿物相依附。如湖北大冶铜绿山的铜矿即常呈放射状晶簇附缀在孔雀石上或呈松散状与孔雀石、赤铁矿碎粒混杂。

自然铜的上述出露特征，使我们有理由相信，当人们采集自然铜的时候，一定会注意到它所依附的其他形态铜矿或其他金属矿物（主要是氧化矿物）。其中最易于受到重视的，应是颜色青绿而美丽的孔雀石。

由于孔雀石具有美丽的色泽，史前人采集自然铜的过程中，出于喜好将其携至家中，或把持玩耍，或用以装饰，都是很正常的。

孔雀石在现代矿物学分类中，属氧化矿物，并常较富集。在窑火中加温，易于得到红铜。

史前时期人们对铜矿的认识，是随着时间和经验逐步加深的。最初人们很难注意到铜矿与其他矿物的共生现象。事实上，自然界存在的铜矿与其他矿物的共生现象十分普遍。1933 年，考古工作者在河南安阳殷墟商代遗址中发掘出一颗重达 18.8 千克的孔雀石，其中混杂着许多赤铁矿。现在仍在开采的湖北大冶铜绿山铜矿就是铜铁共生矿。种种迹象表明，人们最初投入炉火中冶炼的，还包括铜锡共生矿，以及含铅锌矿的铜矿石（据现代地质资料，陕西华山一带即有铅锌铜多金属矿藏，江西大余地也有铜锡共生矿床）。由于不同的金属熔点不同，共生矿中熔点高于铜者如铁（熔点 1539℃）不能熔化排出，留在炉渣之中；熔点低于铜者如锡、锌、铅，则有可能化入铜中。如此，我们就不会为青铜时代到来之前，仰韶文化及龙山文化中同时出现红铜、黄铜、青铜的现象感到奇怪了。

西方学者戈兰德在论述埃及青铜时代到来时说："含锡之铜矿石，将制炼时，铜锡偶然同时还原而成青铜，是为青铜为人所知之始。人见其性质之可贵，遂用以代铜。"

由于青铜具有红铜不可比拟的硬度，而且铸造时较易成型，故而到后来，青铜生产工艺一枝独秀、蓬勃发展，从而形成了中国历史上的青铜时代。

多数学者认为，中国的炼铜术开始于史前时期的龙山文化阶段即龙山时代。现在看来，中国炼铜术的发明时间未必像原先认为的那么晚。考古资料显示，中国炼铜术的开始时间可以早到新石器时代晚期的仰韶文化阶段，即公元前4500年前后。

据迄今中国诸考古遗址中出土的早期铜器的资料统计揭示了下述规律：①年代最早的人工炼制铜器属新石器时代仰韶文化早期阶段。代表器物是出土于临潼姜寨的黄铜片和黄铜管。②仰韶文化阶段出现人工冶铜制品不是孤立现象。辽宁凌源牛河梁红山文化遗址Ⅱ号地点4号积石冢M1出土的铜环以及转山"夯土台"顶部出土的坩埚片，内蒙赤峰敖汉西台红山文化房址中的陶范，陕西渭南北刘上层出土的仰韶文化庙底沟类型的铜簪，甘肃永登连城发现的马家窑文化铜刀等，可证明这一时期冶铜制品已分布于不同地点。③新石器时代晚期后一阶段的龙山文化时期，人工冶铜制品的数量明显增多，红铜、青铜、黄铜几乎同时并存，而红铜占有较高的比例。④史前铜器的品类以打制及单范铸制的小件工具及装饰品为主。主要有铜刀、铜锥、铜铃、铜片、铜簪、铜牌等。有迹象表明，这时可能已开始容器的铸制（登封王城岗遗址出土过青铜容器残片）。⑤红铜制品在青铜时代初期似有与青铜并驾齐驱之势，但随时间的推移，红铜在铜器中所占比例迅速递减。商代以后，红铜在全部铜器中的份额几乎微不足道。

中国史前社会发展到仰韶文化时期，发明冶铜术的物质条件和技术条件已基本成熟。人们对自然铜这一金属有了一定的了解，对于常与自然铜一同产出的孔雀石等矿物有了初步的认识。陶窑的使用，给冶金术的发现提供了必要的温度和还原条件。木炭则很可能成为获取高温的新型重要燃料。社会组织结构的进步，尤其是劳动分工的确立，又为冶金术的产生提供了必要的劳动力资源和劳动组织、劳动管理方面的保障。因此，中国在距今六七千年前的仰韶文化早期阶段能够发明冶金技术，绝不是偶然的。

需要指出的是，作为人工冶铜术发明初期的代表性器物，仰韶文化的黄铜管与黄铜片，并不是以铜和锌为原料冶炼出的现代意义上的黄铜。而是以含铅锌的铜矿石在较低的温度下（950℃～1050℃）冶炼得到原始的铜锌合金后，再重新熔化铸造或加压弯曲而成的。殷墟出土的一些铜器中，即有含锌量较高的青铜。姜寨黄铜片与黄铜管的发现，恰恰反映了史前冶铜术的原始性。

中国新石器时代晚期所发现的红铜器，似乎并不能像过去一样，一概视为天然红铜制品。其中除一部分确系天然红铜制品外，还有一部分就是人工冶炼出的红铜，其冶炼方式与当时冶炼黄铜的方式是基本一致的。科学工作者曾用电子探针对甘肃武威皇娘娘台出土的一批齐家文化铜器加以分析，发现这批铜器除具有较高的含铜量之外，尚有微量的铜、锡、铁、砷等元素，其中铁、砷含量超过了自然铜中铁、砷的一般含量，因而可能是人工冶炼的红铜。

史前阶段的黄铜、青铜以及红铜，是人类冶金术初期以不同矿物组成的铜与他种金属共生矿入炉炼制的早期金属产品。三者大体是同一历史阶段得到的。但在铜器的制作使用过程中，人们发现它们性质并不一样，青铜因铸造温度低、流动性好、产品具有很高的硬度，遂逐渐受到人们的青睐。人们期望获得更多的青铜，只是限于当时的冶炼技术，往往难以如愿。直到公元前 2000 年前后，人们掌握了炼铅和炼锡技术之后，青铜器才迅速发展起来。

⑥　冶铜术的发明对史前社会的影响

在史前时期漫长的历史发展过程中，人们最先只能依靠竹、木、石器从事生产劳动，进行顽强的生存斗争。由于生产工具落后，石器时代的人类生活处处受到环境的严重制约。随着冶铜术发明，一定数量红铜或青铜生产工具应用于生产领域，在许多方面弥补了石、木、竹器的不足。具有良好韧性的小件红铜工具在从事低强度劳动的过程中，比石、木、竹、蚌器显得持久耐用。青铜小刀、青铜锥等，在切割、钻孔等劳动中表现出更多的优越性。

不过，从目前的资料看，我们也不可就冶铜术对史前社会的影响给予过高的评价。尽管新石器时代晚期尤其是龙山文化阶段，铜器的数量不断增加，但并没有在生产领域中取得主导地位。对于社会生活，铜器所产生的影响力主要表现在小件装饰品上。

发明史前冶铜术的意义的一个真正重要的方面，其实在于冶铜术本身。一方面，冶铜术是中国历史上人类掌握冶炼金属技术的开始。由于冶铜术的发明，人们对金属的认识产生了质的飞跃，金属与矿物的依存关系为人类社会所掌握，为人类进一步冶炼其他金属奠定了基础。另一方面，中国史前时期冶炼所得的红铜、青铜、黄铜产品，经过一段时期的应用，其性能逐渐被人们所熟悉。在特定的社会历史条件下，人们产生了对青铜的偏好和需求。而这一偏好，促使人们去寻求冶炼青铜的新方法。

二 夏商至春秋时期的矿冶业

公元前 21 世纪至前 771 年，中国历史经历了夏、商、西周、春秋四个重要历史时期。因这一时期青铜冶铸业空前繁荣，青铜器在社会生产和社会生活中占据着极其重要的地位，因而又被称为中国的青铜时代。

夏初，中国社会完成了由原始酋邦制向奴隶制过渡的社会大革新。春秋末年，中国社会又历经了由奴隶制逐渐向封建制过渡的另一次社会性质大变换。这两次伟大革新或变换，建立在一系列的经济、政治、文化、技术成果基础上。

以农业的进步为主要表现的社会经济的发展，给社会生活注入了强大活力。社会财富的不断积累，为复杂和大规模的生产建设提供了可能。城市突破了原有的城堡规模，城内出现了大型宫殿。从偃师商城、郑州商城、盘龙城、殷墟，到周原、丰镐，再到东周列国都城，规模越建越大，布局越来越复杂，功能也越来越齐全。甲骨文、金文为我们保留了许多史实记载，结束了中国没有文字可考的历史。

这时的矿冶业，以铜矿的开采及青铜的冶铸为主体，同时也包含了铅、锡的提炼及黄金、白银的开采。并且在西周中晚期，发明了人工冶铁技术，成为中国矿冶史上以开采铜矿和冶炼青铜为核心内容的第一个繁荣时期。

青铜的大规模铸造和广泛应用，是夏商至春秋时期矿冶业的一个极其显著的特点。精湛的块范法工艺及二次铸造技术，使中国拥有了自己独特的、完善的铸造技术体系。探索铜、锡、铅配比与铸件性能的关系的"六齐"理论的提出，表现了古代中国人不懈的探索精神和高度的智慧。错金银技术，为今天留下了大量精美的文物，令人叹为观止。人工冶铁技术发明后，在较短的时间内取得了多项重要的技术成果。例如，春秋晚期，人们已开始炼制块炼铁渗碳钢，并发明了西方世界直至中世纪才掌握的生铁冶炼技术。金属农具的应用，扩大了耕地面积，提高了耕作水平，增加了农业产量，减轻了人口增长给社会带来的巨大压力。青铜礼器是整个青铜时代社会政治生活中必不可少的有机组成部分，具有深刻政治含义和政治功能，造就了商周时代特有的"青铜政治"。生产行业如木作、陶作、建筑，包括采矿冶炼业本身，也深深得益于金属冶炼水平的不断提高。

铜器的冶铸与中国青铜时代

夏、商、西周、春秋时期，青铜器数量非常庞大。有人估计，目前保存在中国各地文博单位的青铜器中，仅有铭文者就达数万件，不铸铭文的青铜器，无疑要多得多。青铜器的类别，包括农具、工具、兵器、饪食器、酒器、水器、乐器、车马器等。其中农具有耒（音 lěi）、耜（音 sì）、铲、镢（音 jué）、锛、锸、锄、镰；工具有斧、斤、凿、锯；兵器有戈、戟（音 jǐ）、矛、钺、刀、剑、匕、镞、胄；饪食器有鼎、鬲（音 lì）、甗（音 yǎn）、簋（音 guǐ）、豆、盂、盆、盨（音 xǔ）、簠（音 fǔ）、敦（音 dūn）、俎（音 zǔ）、匕；酒器有爵（音 jué）、觚、斝（音 jiǎ）、角、觯（音 zhì）、壶、卣（音 yǒu）、尊、盉（音 hé）、罍（音 léi）、觥（音 gōng）、勺；水器有盘、匜（音 yí）、鉴；乐器有铙（音 náo）、钲（音 zhēng）、钟、铎（音 duó）、铃、錞于（音 chún yú）、鼓；此外还有车马器及铜镜、铜带钩等生活日用器（见图1和图2）。

青铜的铸造不像制造石器。石器原料一般可以就地取材，而且无须熔炼。铜、锡、铅都需从相应的矿石中提炼。解决原料问题，自然是青铜铸造的第一步。

自然界中，铜矿并非随处可见。人类最初注意到的铜矿，是出露于地表的自然铜及孔雀石等氧化矿。随着对铜矿认识的不断深入，才逐步发展到根据诸矿的共生规律找矿。《管子·地数》："上有慈石者，下有铜金。"

迄今考古发现的中国古代铜矿采冶遗址中，至少有五处已被证明早在商代、西周或春秋时期已经开采。其中四处遗址即江西瑞昌铜岭铜矿，湖北大冶铜绿山铜矿，安徽铜陵、南陵的铜官山铜矿，内蒙古林西大

25

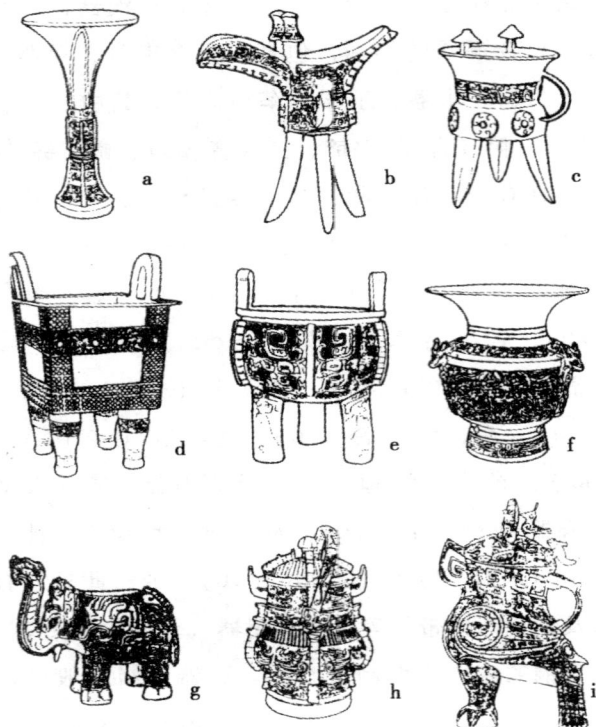

图 1 商代青铜器

a 觚 b 爵 c 斝 d 方鼎 e 圆鼎 f 尊 g 象尊 h 提梁 卣 i 鸮尊

井铜矿。其中江西瑞昌铜岭铜矿的年代最早，大体跨商代早期至战国时期，湖北大冶铜绿山铜矿的开采年代为春秋早期或西周时期，延至战国或西汉。安徽古铜矿已有直接证据证明其在西周时期已被开采，而且其开采年代还可能上溯到商代早期。内蒙古林西大井铜矿的开采年代当不晚于西周晚期。

铜矿的开采最初是露采。这种采矿方法主要见于

图2 商代司母辛大方鼎（安阳殷墟出土）

青铜时代的早期阶段。其后发展为坑采。

露采的特点是安全高产。采矿时以工具除掉杂草植物、揭去表土，让矿体暴露于外，再行采矿。安徽铜陵古矿区的团山采矿遗址发现典型的古代露采遗迹，其露采现场周围至今仍散见有破碎的氧化矿碎石。

坑采技术比露采技术复杂。铜绿山铜矿遗址的勘察证明，当时已采用了竖井、斜井、斜巷、平巷相结合的方法，常用上向式的分层开采法采掘铜矿料。矿工们开竖井或斜井到矿层底部，再沿水平方向开平巷，然后向上回采。已采的矿石在井下初选，将采下的废石和贫矿回填采空区。如此一直上采到矿层最上部，这样避免了输送大量的废石至地面。根据围岩的情况，人们还经常采用木质支护技术以保证采掘的顺利进行。支护的设置视采区围岩而定，若围岩坚固，也可不设。江西瑞昌铜岭古矿区使用木质支护技术十分普遍。

当时探矿采矿一般深入地表以下数米、十余米，最深者达百余米。深井采矿作业，通风供氧无疑是矿工面临的一个大问题。铜绿山古铜矿遗址表明，当时人们通过利用不同深度井口的气压高低差形成的自然风，较好地解决了这一问题。为保证风的流向沿着正在采掘的巷道运动，矿工们有意识地封闭已废弃的巷道。排水是采矿作业中需解决的另一难题。在采掘深度较深的铜绿山古矿区，人们制造了简单的木槽排水系统，先通过木槽将作业区的积水排向地下积水坑，再以木水桶从竖井提升到地面。铜绿山古代采矿区的一些巷道壁上，发现许多插着曾经燃烧过的小竹片，它们是古代工人采矿作业中留下的照明材料。

矿石开采出来后，还要就地进行简单的选矿加工。一部分选矿工作是在井下完成的，废石和贫矿就近排入了采空区。经初选的矿料提升至地面后，再进一步分选。铜绿山古矿区春秋时代古矿井遗址中，发现过一件船形木斗。木斗以整木凿成，两端伸出并上翘，中间挖有一方形小"仓"。全长35.2厘米、宽14厘米、高7厘米。有的学者认为这种木斗就是当时用来淘选矿石的。

采矿的工具主要是青铜器和竹、木器，如铜斧、铜锛、铜凿、木铲、木槌、木桶、竹筐、竹篓、绳索、辘轳等。

在各处商周时期铜矿遗址中，除发现矿井、巷道、采矿工具之外，还发现有大量的炼渣、铜锭。其中湖北铜绿山遗址和安徽铜陵、南陵古铜矿区的木鱼山等遗址还发现了炼炉。

对炼渣及铜锭的分析鉴定表明，早期所采铜矿主要是氧化矿。如江西瑞昌铜岭、湖北大冶铜绿山古铜矿中的主要矿石均是氧化矿。但近年发现的安徽古铜矿遗址却表明，皖南地区至迟在西周时期已经使用硫化铜矿冶铜。

自然界的铜矿床一般自地表而下分为氧化矿层和原生矿层。地表的氧化矿层提供自然铜及孔雀石等易于引起人注意的氧化铜矿，这类氧化矿石可以直接在炉中炼出铜来，因而往往被率先开采利用。氧化矿层下是硫化铜矿。硫化铜矿一般不能直接得到纯铜，而是需事先在800℃以下的温度下长时间焙烧脱硫，然后入炉熔炼，产出含铁量较高的冰铜，再反复精炼才能得到纯铜。可见，采冶硫化铜是一种比采冶氧化铜矿更复杂的工艺。

据资料记载，欧洲人至少在公元前1300年前后开始硫化铜的开采和冶炼。中国文献记载的采用硫化矿炼铜的时间是在宋代。1950年代，考古工作者在山西运城洞沟发现一处东汉末年的冶铜场，使我们了解到东汉时期已开始了硫化铜矿的开采。1980年代以来，考古工作者和自然科学工作者在皖南古铜矿区内，连续发现多批先秦时期的冰铜锭，以充分的资料，将中国采冶硫化铜矿的历史提前到了商周时期。

铜的冶炼一般都在矿山中进行。当时湿法炼铜技术尚未发明，火法冶炼是提取矿石中金属铜的唯一办法。

早期炼炉的炉型状况目前尚不清楚，推测可能是在矿山的迎风坡用泥土砌筑的土炉，因为早期炼铜所选用的一般是高品位的氧化矿，无须焙烧，只需将炉温升到1100℃左右即可出铜。不过，从出土的商代中后期大量青铜器及铜绿山铜矿遗址中发现的春秋时期炼铜炉的情况看，具有一定高度的鼓风竖炉或许在商代即已发明。1970年代考古工作者在铜绿山铜矿遗址发掘的三座春秋时期炼铜竖炉保存情况较好，考古工作者据之复原出完整的炼炉并进行了炼铜模拟实验。研究显示：当时竖炉的高度已达1.2～1.5米。炉缸下设置了风沟，炉体具备金门和鼓风口。关于鼓风问题，中国古籍中保存的一些记载，证明西周以前已经使用皮革制成的鼓风囊。硫化铜矿的冶炼，还有一个矿石焙烧的问题，不过目前尚无证据显示当时焙烧矿石究竟是堆烧还是窑烧。

考古工作者曾对铜绿山遗址大量的铜矿渣作抽样分析，结果发现炼渣中的含铜量平均只有0.7%，安徽古铜矿遗址炼渣的含铜量在0.5%～0.8%之间，与铜绿山炼渣接近。这反映当时炼铜技术已具有较高的水平。

商周时期青铜的铸造主要并不在矿山进行，而是设有专门的铸铜作坊。这类作坊一般都设在都市附近。如郑州二里岗商城附近的商代南关外铸铜遗址和商代紫荆山铸铜遗址、安阳殷墟的商代苗圃北地铸铜遗址、洛阳西周铸铜遗址、山西侯马晋国都城新田遗址中的春秋铸铜作坊、河南新郑郑韩故城内春秋时期韩国铸铜遗址等。商周青铜器的主要铸造区也即中原一带各铸铜作坊的铜、锡两种原料，除一部分来自中原地区外，看来大部分都是通过各种方式从盛产铜、锡，采冶业发达的南方得到的。这一点，与可以自采自铸即自己采冶铜矿并就近铸造铜器的南方地区有显著区别。例如，在今天江西一带，考古工作者在发现商代中期即已开采的瑞昌铜岭铜矿遗址的同时，又在新干发现大批具有明显地方色彩的青铜器。铜器与原料产地的关系不言自明。

商周时期中原铸铜作坊的铜料来源大致包括四个方面：一是政府有组织的矿山开采；二是各地诸侯的贡赋；三是武力掠夺；四是贸易往来。

中国最早的地理学著作《禹贡》记载："淮海惟扬州……厥贡惟金三品。"又"荆及衡阳惟荆州……厥贡……惟金三品。"西周金文中有关周王朝用兵征伐荆、淮夷，掠夺铜、锡原料的记载也不乏其例。其总的意思都是说，商周时期从淮夷所处的地方，可以得到"金"。在当时，所谓金，就是铜料，当时淮夷所在的地方，即今淮河、长江下游一带。可见，南方尤其是淮河及长江中下游一带，是商周时期中原铸铜工业的主要原料来源。

现已发现的夏商周时期铸铜遗迹，除久负盛名的前述数处作坊之外，还在被认为很可能是夏代都城遗存的河南偃师二里头遗址以及被认为是商代南方重要方国遗存的湖北黄陂盘龙城遗址等有所发现。这些铸铜作坊都被安排在靠近水源的地方。如二里头遗址的铸铜作坊临近洛河，郑州商代南关外铸铜作坊临近熊儿河，安阳苗圃北地铸铜遗址距洹河不远。铸铜作坊的规模小者数千平方米，大者达数万乃至十余万平方米。这些作坊中均出土有大量熔铜炉壁残块、陶范、炼渣及部分工具。其中安阳苗圃铸铜作坊还发现了铸铜的工作棚。

考古发现表明，商周时期的熔铜设备主要有三种。一种是小型坩埚。不少遗址都有小型坩埚残片出土，有的还黏有铜渣。安阳殷墟曾多次发掘出一种盔状厚胎陶器，俗称"将军盔"。以前曾被认为是炼铜工具。后经进一步观察，证明这种"将军盔"应是商代的一种"内加热"型熔铜小坩埚。河南新郑梳妆台遗址和吴楼遗址出土一种熔炉，系分节制作，熔铜时是炉子，浇注时去掉炉圈即成为浇包。另一种被称为"大口缸"。这种中型熔铜工具在郑州南关外商代铸铜遗址及紫荆山商代铸铜遗址中曾大批出土，湖北盘龙城商代遗址中也有所发现。大口缸实际上是一种夹砂的厚重红陶器，高多在50厘米以上，内外都敷有草拌泥以增加其受热能力，大敞口的造型则使熔化的铜液易于倾倒。另一种熔铜工具是一种比大口缸更大的熔炉，直径约 1 米左右，分为地面式和地下式。安阳苗圃北地铸铜遗址曾出土有该种炉子的残壁。其中地面式大熔炉高度不明，炉底或平或凹。在相当于炉座部位的硬面上有数道已烧成灰色发亮的凹槽，表面粘有铜渣，可能是流铜水的流道。有一个炉子在底部与炉壁交界处留有直径约 5 厘米的小孔，从"烧流"的痕迹可以看出铜水由内向外的流经痕迹。该小孔可能是炉眼，铜水由这里流入陶范中浇铸。地下式大熔炉深约 0.5 ~ 1 米，内壁也被烧熔，并粘有铜渣、木炭。洛阳是西周时期的重要铸铜基地。1970 年代，考古工作者在洛阳火车站附近发现了当时的冶铜遗址。遗址中出土了大量熔炉残块、铸模与铸范。其熔炉按炉径的大小可分为三种。内径大者达 1.6 ~ 1.7 米，一般则为 1 米左右。熔炉的建筑材料，均采用加砂草拌泥盘筑而成。

熔铜方法一般采取"内加热"式，即将铜料和木炭一起入炉熔化。"内加热"的优点是热效率较高，在木炭同样燃烧的条件下，内加热可获得比外加热更高的实际熔铜温度。而且由于木炭与铜液接触，避免了铜液的氧化，可以提高铸件质量。为了使木炭充分燃烧，保证炉温，当时还使用了吹风管。郑州南关外、安阳、侯马等遗址中都发现了陶质鼓风嘴。洛阳西周铸铜遗址中，发现一熔炉下缘有三处鼓风口，说明当时的大型熔炉是多处鼓风的，而且采用的是下部侧吹风式鼓风。

在原料入炉熔化之前，还有一个十分重要同时也十分复杂的工作要做，即制范。

商周时代铸造青铜器主要使用陶范，但有的地方也使用石范。例如，长江中下游一带商周时期的一支地方性文化——吴城文化遗址中就发现过许多石范。

中原地区各铸铜作坊中，出土陶范的数量十分丰富。通过对这些陶范的观察、测试、分析，对当时的制范工艺有较清楚的了解。

制范之前，首先对陶土进行选择和处理。一般是挑选匀细干净的黏土，因为如果土质不干净，铜器上的花纹就铸不出来，还会产生其他缺陷。但单纯的黏土不很牢固，受热后容易开裂，因而人们常往黏土中掺入一些细沙粒，以改善其承受热力的性能并增加机械强度，浇铸铜液时也不易开裂和崩坏。安阳殷墟苗圃北地商代铸铜遗址、洛阳西周铸铜遗址及侯马春秋晋国铸铜遗址中出土的陶范残片中，均可看到粗细均匀的细沙。另外，因浇铸过程中会产生少量气体，这些气体必须及时排除，否则会在铸件上造成气孔，甚至使铸件报废。解决这一问题的方法是在陶范（通常是外范）上适当造成一些孔隙，以改善透气性能。造成孔隙的办法通常是在陶范中有意识地开设通气孔道以及在陶土中拌入一定量的切细的麦秆或其他有机物。在泥坯烧成陶范的过程中，这些有机物烧成灰烬即可形成孔隙。

制范包括制模、制型和合范三项工艺。

制模即制取一个外形与所要铸造的青铜器一模一样的模子。商周青铜器上通常是有花纹的，花纹可以事先在模上塑好或在范上加工。一些小件青铜器，以实物做模就很方便。例如，以实用的铜镞作模，在泥板上压成一系列镞外范，形腔相同，棱角锐利，铸造时可以得到很好的产品。不过绝大多数模还是用泥制成的。泥模又可分为全模和分模。全模多用于形体较小的铜器铸造，模型是一个完整整体。在模的外表面雕刻花纹，再经修整、烘烤就可使用。分模适于大型铜器的铸造，分模只是器形的一部分。由于商周青铜器包括形体、花纹在内具有严格对称的特点，分模重复使用即可代替全模。

制型，是在陶模烘干之后（其上可能还要抹一层油脂），以和好的泥（干湿必须适度）拍成平板，附捺在模型外部并适当按压，使模型及模上的花纹反印在外敷泥片的内面。待泥片半干时，按器形要求用刀将其分割成若干块，各块之间留下榫、眼或子母口，以使将来合范时相互衔接。这样翻印出的陶块再经阴干烘烤，对花纹略加修饰，即为外范。铸造学上称为铸型。将制过外范的内模表面刮去一层泥，原来的陶模即成内范，又叫泥芯。刮去的厚度就是将要铸造的铜器的厚度。

合范是在泥芯外将分块的外范合在一起。各块外范之间以原先分割范块时留下的榫眼相扣。范合好后再在外面涂泥加固，留出浇口。

合范之后，接着就是浇铸。但浇铸之前，仍需对陶范作预热处理，以保证青铜熔液流畅到位而不至形成不均匀的凝固和冷隔。

浇铸时器物通常是倒置的。等青铜熔液冷却后，打碎外范，掏出内范，用砺石修理磨光，即可得到一件新铸的青铜产品。

青铜器的浇铸是一项异常复杂的工艺，它需要技术设备、经验以及工匠之间的密切协作。

青铜器的化验表明，商代达到了先分炼铜、锡、铅，再配制青铜的高级阶段。锡、铅两种金属对青铜的熔点、液态流动性及硬度有直接的影响。据测试，若在红铜中掺入15%的锡，其熔点即降到960℃，若锡的含量增至25%，熔点则降至800℃。当锡含量为5%～7%时，其布氏硬度尚低，只有50～65；若锡含量提高至9%～10%，布氏硬度则增至70～100。可见，如何控制好青铜中锡或铅的比例，关系到所铸铜器的质量及实用性，尤其是铸那些对硬度和脆性要求较高的青铜工具及兵器更是如此。

商周时期的青铜器，据化验主要有三类。

第一类为锡青铜。其成分主要是铜和锡，不含或只含少量的铅。如偃师二里头遗址出土的一件青铜器含铜91%、锡8%、其他杂质1%，洛阳出土的西周"丰伯戈"和"丰伯剑"分别含铜84.31%和85.22%，含锡11.65%和11.76%，均不含铅。著名的司母戊方鼎铜、锡、铅三种金属的百分比为84.77∶11.64∶2.79。商周青铜以此类为大宗，尤以商代后期多见。

第二类是铅青铜。其主要成分是铜和铅，不含或只含少量锡。如安阳殷墟遗址中出土的一件铜刀，含铜93.13%、铅5.53%，不含锡。整个商周时代这类青铜相对较少。

第三类是铜、锡、铅三种金属的青铜合金。西周时期的不少青铜器都属这一类，春秋战国时的货币也多系这类青铜。

青铜铸造的实践，使人们逐渐了解了锡、铅两种金属与青铜器物理性能之间的关系。春秋晚期，人们根据不同青铜器器类对硬度的要求，总结出一套铜锡配比经验，这就是齐国的工程技术著作《考工记》中所记之"六齐"："金有六齐：六分其金而锡居一，谓之钟鼎之齐；五分其金而锡居一，谓之斧斤之齐；四分其金而锡居一，谓之戈戟之齐；三分其金而锡居一，谓之大刃之齐；五分其金而锡居二，谓之削杀矢之齐；金锡半谓之鉴燧之齐。"据大量数据的分析统计，商周时期青铜器在一定程度上反映了人们对铜锡比例与产品性能之间关系的清醒认识，例如，青铜器中的兵器如戈、矛类，锡的比例均在10%以上。春秋战国时，人们对"六齐"的认识又有发展。青铜兵器中含锡较高难免有些发脆，于是人们又于其中掺入一定量的铅，如此虽然使硬度稍有降低，但韧性有所增强，对于提高戈、矛、剑戟之类武器的使用效率无疑是十分有用的。部分青铜武器中，还存在同一器中有两种不同成分配比的情况。如吴越铜剑中有一种复合剑，其刃部含锡量较高，十分锋利，背脊部分含锡量较低，柔软性韧，收到了刚柔兼备的效果。

至于铸造过程的分工协作，密切配合，司母戊鼎的铸造就很说明问题。

司母戊大鼎重875千克。铸造这么重大的青铜器，首先需要翻制复杂的陶范，其次要使所有分割后的范块得到相近的预热效果。铜液的熔化和灌注更不是一两个人做得到的。当时不可能有一次能熔化 800 千克以上铜液的熔炉，必须是同时设置几个大型熔炉，让众多的熔炼工人同时化铜，并依次让青铜熔液经流道注入浇口。锡不能过早掺入，否则锡可能氧化而影响铜锡比例，因此，操作人员相互配合，把握各熔炉的掺锡时机十分重要。即便如此，司母戊鼎仍产生了局部冷隔和表层花纹变形。

商周时期铸铜作坊常常是有较明确分工的。如新郑郑韩故城内的吴楼遗址是以铸造工具、兵器和货币为主，而梳妆台遗址则以铸造礼器和车马器为主。

商周时期的青铜铸造技术在许多方面都取得了引人注目的成就。正如有的青铜器研究著作所评价的："人们在当时条件下最大限度地发展了块范铸造和二次铸造的方法，从而使中国古代青铜器不仅在风格上具有鲜明的民族特色，而且拥有最完善的块范铸造技术。"司母戊大鼎仅鼎身就用了 32 块外范，鼎底用了 4 块，鼎足则以 3 块拼成。一些青铜器上的复杂部件，如立体的附饰、能活动而不能取下的提梁、连接器身与器盖的链条（商周时期的铜提梁卣常有这些部件）等，都是用二次铸造的方法铸制的。即先将这些复杂部件（还包括一些复杂的动物装饰）单个铸好，然后嵌入主体陶范中。事先铸好的如卣的提梁、链条等活动部件，要精确地留出与主体器物之间的孔隙，以免与二次浇铸过程中的铜液粘连。有的卣的提梁与卣身穿环之间的孔隙仅几毫米，要设置这样薄的陶质隔离层而保证不被高温铜液冲刷，的确不是件容易的事。湖南宁乡出土的四羊方尊，是商周青铜器中分块范二次铸造的典型作品。这件铜器形制复杂，尤其是方尊四角都有一个卷曲着羊角的生动逼真的小羊及四边镂空的扉棱，很容易使人误以为非失蜡法不能铸造。但经科学工作者仔细观察发现，该器实际上完全以分块范分铸而成。全器为倒体浇铸，预先铸好的羊角插入羊头范中。羊头与角的接连处可以看到分铸铸痕。羊头是中空的，但不与尊体的空腔相连。每只羊头顶上都有已被填补的土支钉孔。尊四壁中央各有一突出的龙头，龙头也是先铸好，然后在浇铸尊体时铸接在一起的，因为龙头与龙身之间有明显的分铸接口。全器造型大方、光洁度好，几乎没有铸造缺陷，反映了商代青铜铸造工艺的高超水平。

春秋时期，块范铸造技术有了新的发展，出现了印模制范技术。铸工们用薄的泥版制成一些规格化的花纹模具，如成组的蟠螭纹一类的纹样。然后用模具翻印出多组花纹，再按制作要求拼接起来。这样省去了逐段雕刻同样花纹的重复劳动。当然，印模制范在大大提高生产效率的同时，也有它的明显缺点。以现代艺术追求个性和变化的眼光看，这种花纹虽很精细，甚至毫发不爽，但千篇一律，缺少变化，失却生气。

商周时期的众多青铜器，绝大多数都是以块范法铸制的。但也有可能已经开始采用失蜡法铸造铜器。至春秋时期，失蜡法已较广泛地用于复杂铜器的铸造。发现于河南淅川下寺楚墓中的铜禁（放置酒器的铜方桌），是春秋时期用失蜡法铸造的一件代表性产品。该铜禁是以范铸法和失蜡法相结合铸造而成的。其作为器物附件的兽头装饰和禁体以失蜡法铸造，兽头、兽身和兽舌则以范铸法铸成。附件与禁体的组合，是通过焊接实现的。春秋楚墓中出土的许多青铜鼎，也是采用失蜡法与范铸法铸制的。所谓失蜡法，即用蜡制成待铸器件的模型，然后将蜡模浸涂以经过适当配制的泥浆，成为泥模。泥模干燥后焙烤成半陶质，蜡型即自行熔化流失。再在预先留好的浇口中灌注铜液，冷却撤模成铸件。失蜡法铸造在隋唐时期十分流行。

铸造青铜器的过程中，难免出现毛刺、疤痕、冷隔，甚至还出现废品，因而随着青铜铸造业的发展，铜器的修理技术也在不断进步。主要表现在青铜的焊接和器表的磨光等方面。陕西宝鸡强（音 yú）国墓地出土的西周时期强国铜器中，有许多铜器上即有明显的修理痕迹。

青铜的装饰工艺也逐渐发展起来。商周时期，青铜装饰主要使用了镶嵌技术，最明显的镶嵌例子是河南偃师二里头遗址出土的镶嵌绿松石的青铜牌。春秋中期，镶嵌红铜工艺发展起来。在青铜器表面刻镂出浅槽，再将红铜丝嵌入，使铜器图案具有很强的立体效果，色彩也更丰富。错金、银工艺在传统镶嵌工艺的基础上也发展起来，这是一种以金、银镶嵌出图案后再用错石表面磨光的新技术。春秋时期的一些铜带钩甚至铁带钩上，常常施用这一技术。带钩这一古老的实用服饰器物因此而变得更富有装饰魅力。

② 铁器冶炼的开始

除去少量陨铁制品外，铁器通常是人工冶炼铁矿石获取铁料后，再行锻打或者铸造而得到的器物。铁器最基本的用途，是作为生产工具服务于人类社会。与竹、木、石、骨、蚌工具和青铜工具相比较，它具有强度高、硬度高、耐磨损等优越的物理性能和机械性能。铁器还广泛应用于战争及日常生活领域。铁器的出现，大大提高了人类征服自然、改造自然的能力，在人类发展史上具有划时代的意义。

商至春秋时期是中国制作、冶炼和使用铁器的初始阶段。铁器首次登上中国历史的舞台，标志着社会生产和生活中一种具有强大活力的生产力因素的出现，但是，由于冶炼技术刚刚起步，这一阶段铁器尚未对当时的社会生产和生活产生明显的影响。

人类最早冶炼和使用铁器的时间与地点，目前尚在探讨中。传统观点认为，人工冶铁术是居住在小亚细亚的赫梯人首先发明的，年代约为公元前15~前14世纪。近年有学者提出，小亚细亚一带出现人工冶炼铁器的时间很可能要提早到公元前19世纪以前。另有资料表明，印度至迟在公元前14世纪也已经出现了铁器。较之小亚细亚和印度，中国开始人工冶铁用铁的时间稍晚一些。《尚书》、《诗经》等文献中，有一些与中国冶铁术起源有关的记载。如《尚书·禹贡》中就记载说，当时的梁州（今四川及陕西部分地方）出产铁。但这些记载至今未得到考古发掘实物资料的证实，难以据而立论。1972年，考古工作者在河北藁城县台西村发现一件商代中期的铁刃铜钺。这是中国迄今发现的年代最早的有关中国先民用铁的实物资料。藁城台西铁刃铜钺的钺身为青铜质，刃部为铁质。残长11.1厘米，宽6.2~7.1厘米。器身扁平呈梯形。方内（音nà，指钺的柄部），一穿，内下有阑。阑下前后饰乳钉纹两排。经鉴定，该钺是利用天然陨铁经热锻处理加工成锋刃后，再铸接于青铜钺内的青铜和陨铁复合制品。已知的中国早期陨铁制品还有1964年北京平谷县刘家河商墓出土的铁刃青铜钺，1922年据说出自河南浚县辛村的西周初期铁刃青铜钺和铁援青铜戈等。虽然陨铁制品还不是严格意义上的铁器，但对陨铁的利用加深了人们对铁的认识，为人工冶铁技术的发明和发展积累了一定经验。以陨铁为器刃的设计思想，反映出当时人们对铁的性能有了较深刻的认识。然而陨铁制器并非严格意义上的铁器。公元前2世纪末，相当于周代晚期，新疆哈密等地出现了一种以块炼铁为原料制作的小铁刀和少量铁制装饰品。其中哈密市焉不拉克村焉不拉克墓地31号墓出土弧背直刃刀保存完好。经对同墓棺木做放射性碳素测定并经校正，其年代约在公元前13~前11世纪。焉不拉克弧背直刃刀及新疆地区发现的其他早期铁器，是已知中国境内人工冶炼、使用铁器的最早实证。约公元前9世纪，即西周中晚期，中原地区也开始了铁器的冶炼、制造和使用。河南三门峡市上村岭虢国墓地发掘出土一批西周晚期铁器，是中原地区西周时期已开始人工冶铁的实物例证。上村岭出土的西周晚期铁器中，以铜柄铁剑最为引人注目。该剑长33.1厘米。原装于一牛皮剑鞘内，出土时剑身尚裹有一层丝织品。剑柄为青铜制，外镶以美玉及绿松石。剑柄与剑身处亦镶有绿松石片。剑身铁质，较长，中有隆脊，前有三角形锋刃。经北京科技大学冶金史教研室鉴定，剑身系以低温固体还原法所得块炼铁制成，其中不含镍与钴，断非陨铁。中原地区铁器的出现，与新疆地区的人工冶铁术有无渊源关系，尚需进一步研究。

无论是新疆地区还是中原地区，商至春秋时期的铁器数量都还十分稀少。铁器原料主要是通过低温固体还原法取得的块炼铁，硬度一般都不很高，使用效果大体只能与传统的青铜器相当，或者韧性稍好些。但到了春秋晚期，中原地区的工匠在高度发达的青铜冶铸技术基础上，发明了生铁冶铸技术，制作了少量白口生铁器件。1964年出土于江苏六合县程桥村1号春秋晚期墓内的铁丸和1965年出土于长沙杨家山65号春秋晚期墓内的铁鼎，都是用生铁铸制的。生铁冶铸术的发明，是中国对人类冶金史做出的一项伟大贡献。这一发明直接导致了中国战国以后铁器的迅速普及和使用，同时也为中国逐渐形成具有自身特色的钢铁冶炼体系奠定了坚实的基础。然而，这时所冶炼的生铁属白口生铁，从性能上说，白口生铁过于脆硬，应用上仍有一定的局限。但也有证据表明，至迟春秋晚期的时候，人们找到了一种克服白口生铁脆性的方法，即制作块炼铁渗碳钢器件。1976年，考古工作者在湖南长沙市杨家山一座春秋晚期墓葬中，发现了一柄铁剑，该剑长38.4厘米。其中柄长7.8厘米，身长30.6厘米，身宽2～2.6厘米。剑柄作圆柱形，剑格呈棱形，剑身有中脊隆起，锋部略残损。除格为铜质外，其余部分皆铁质，制作精细，质地坚硬锋利。经鉴定，该剑的金相组织为含有球状碳化铁的铁素体，应系块炼铁渗碳而成的含碳约0.5%的中碳钢制品。在剑身断面，用放大镜还可观察到因反复锻打而形成的折叠层次7～9层。

商至春秋时期的铁器数量既少，器类也比较单调。其中铁制的农具有锄、锸、铲，手工工具有斧、锛、削、小刀、锥，兵器有剑、刀、匕、戈，日用杂器有铁条、铁丸（见图3）。新疆一带还有少量铁装饰如戒指和铁镯等。以上所有铁器均为小件器物，器形简单。其中多数铁器是铜铁复合、玉铁复合或者金铁复合制品，主要是将铁锻打成锋刃后，嵌入玉柄、金柄之中或铸入青铜柄内。例如，灵台铜柄铁剑、益门村金柄铁剑、淅川下寺玉柄铁匕等。这是中国冶炼和使用铁器初期，铁器制造工艺上的一个显著特点。反映出铁器在当时如金、玉、青铜一样被人们所珍爱。复合铁器往往制作得典雅富丽，只有具有一定身份或地位的贵族方能使用。

目前还不完全清楚这一阶段人们冶炼铁器的具体过程，尤其是不了解各种技术细节。从同时期人们冶

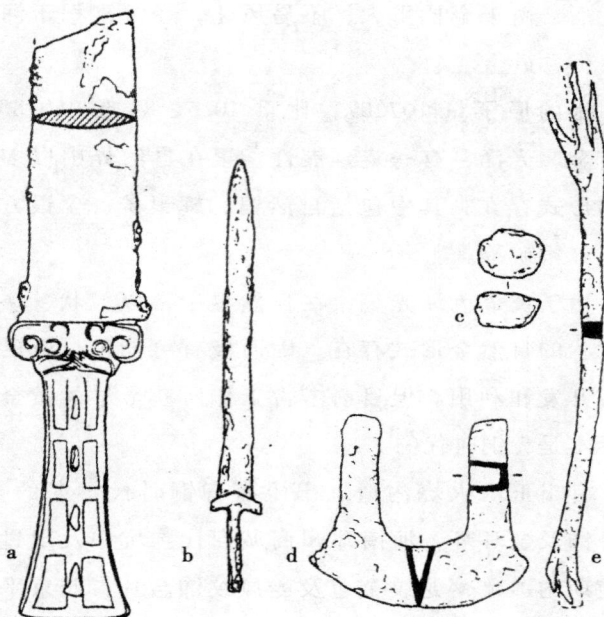

图3　考古发现的春秋时期的部分铁器

a 铜柄铁剑　b 钢剑　c 铁丸　d 铁锸　e 铁条

炼青铜的情况推测，估计至迟在春秋时期，一些炼铁术较发达的地区应使用了竖炉和皮囊鼓风设备。

初识金银

金和银都属贵金属。

金的原子量 196.97，比重 19.26，硬度 2.5～3，熔点 1063℃，具有很强的金属光泽，抗腐蚀性强，延展性好，不易氧化。金在自然界的产出，有山金、砂金两种。山金多产于石英脉中，又称脉金。含金岩石

45

风化后，由于金比重大，不易风化，经常富积于河砂中，俗称砂金。

银的原子量 107.87，比重 10.5，熔点 960.8℃，具有金属光泽，有一定延展性。银在自然界中以多种矿物形式存在，其中包括自然银、辉银矿、含银方铅矿、红银矿等。

由于黄金色泽光亮，在自然界中常以粒状、块状或片状的自然金形式存在，因而极有可能很早就已被人们开发和利用。但目前考古工作所获最早的黄金实物标本是青铜时代的。

甘肃玉门火烧沟遗址出土有青铜时代早期的金、银鼻饰及金耳环，河南郑州商城商代狗坑中发现过商代前期的透雕夔龙纹金苞及夔凤纹饰金片，北京平谷刘家河商代墓中曾发掘出金耳环、金臂钏、金笄等黄金制品，河南安阳殷墟多次出土商代后期金叶，山西石楼县桃花庄也曾发现商代晚期珥形金饰。西周以后，尤其是春秋战国时期的金器及包金文物、嵌金文物、错金银文物则已是琳琅满目，蔚为大观。

与金属锡及金属铅的情况相似，目前所发现的早期黄金制品，很可能不反映中国历史上开采使用黄金的最早时间。我们认为，中国最初开采黄金的年代，大体应与开采和使用自然铜的年代相近，即在新石器时代的仰韶文化阶段，这是因为：

（1）黄金的延展性及熔点与自然铜接近，而黄金的金属光泽甚至比自然铜更为引人注目。这两种金属都以天然形式存在时，金被人发现的可能性至少与铜

46

是一致的。以黄金制作装饰品，只需略加锤击，工艺十分简单，美观大方的效果丝毫不比红铜逊色。

（2）已发现的夏商时期黄金制品的制造工艺有较为复杂的一面。如郑州商城遗址出土的透雕夔龙纹金苞、玉门火烧沟遗址出土的金鼻饰、金耳环等。制造这些有一定造型难度的人工制品，显然需要一个技术积累阶段。可以相信，在青铜时代以前，人们一定还曾制作过一些型制更为简单的黄金饰物。

（3）埃及文明中，公元前4000年以前即已有黄金装饰品。公元前3000年，即埃及第4王朝时期，南方的努比亚（Nubia）地区已经开采脉金并加以炼制。中亚铜石并用时代的安诺文化（公元前4000～前3000年）中，也发现有黄金饰品。这表明人类开采和使用黄金并不是十分困难的。

（4）中国新石器时代晚期仰韶文化阶段，无论是劳动分工、社会组织结构等社会历史条件，还是人们对矿物的认识或者获得高温的手段等物质技术条件，都为黄金的开采提供了可能。

从考古工作中所发现的黄金文物分布地点看，中国早期的黄金产地，主要集中于黄河中下游及其相邻地区。到春秋战国时期，一些文献对黄金的产地已作出了明确的记载。涉及黄金产地的范围包括今河南、山东、湖北、四川、陕西、甘肃等广大地区。

中国古代关于金的开采，曾留下一则有趣的故事。

唐代刘恂在其所撰《岭表录异》上说，当时的广州某县某地有一池塘，内含砂金。附近居民中，有人常在池塘中放养鹅鸭。忽有一天，人们发现鹅鸭的粪便中含有不少麸金片，于是开始收集鹅鸭的粪便予以淘洗，居然屡有所获，遂多养鹅鸭，竟至一日可得黄金一两半两。

刘恂所记述的，是历史上个别地方的一种特殊淘金方法。但淘取砂金，很可能是最古老的采集黄金的方法之一。

夏商周时期的采金方法，主要是从水沙（砂）中挑拣或采出自然金。《管子·地数篇》对金矿的记载就很说明问题，当时是否已开始开采脉金，尚无直接资料可以证实。不过从《山海经》中的一些提法，如"堂庭之山多黄金"看，春秋以后人们开始开采山金矿脉的表层露头是可能的。

通过对出土文物的研究，我们可以在一定程度上了解商周时期的黄金加工制作工艺。

锤锻法是早期加工黄金的主要方法，如郑州、安阳等地商代金叶的制造，均采用这种方法。熔铸法很可能在商代即已出现。有人对北京平谷刘家河商墓出土的笄进行了表面和断面观察，认为该器有可能是铸件。从笄和与笄同出的金臂钏的重量分析，似可得出同样结论。因为重量如笄（108.75克）和金臂钏（分别为78.89和93.7克）的自然金块是很难找到的，该三器确有可能是集小粒自然金熔铸而成。商代黄金加工过程中还采用了退火技术。据冶金工作者对殷墟出土的金箔进行检测，发现其金相组织晶粒度大小不均匀，而且晶粒界平直，具有退火处理后的特征。

　　单就黄金的加工技术而言，春秋时代是一个大进步大发展时期。主要表现在三个方面：一是熔铸技术有了明显提高。近年出土于陕西宝鸡益门村的大批金铁合制文物（如金柄铁剑、金柄铁刀）就是以过硬的熔铸技术巧妙地将金制的剑柄与铁制的剑身或刀身铸接在一起的。二是黄金雕镂技术有新的发展。商代夔龙纹金叶是春秋雕镂技术的前身。但春秋的雕镂更为精细，造型也更复杂，益门村金柄铁剑同时也是一件黄金镂雕精品。三是发展了鎏金技术和错金银技术。尤其是错金技术，在春秋战国时期广泛应用于各种器物的装饰上，有时还用于器表文字的塑造。著名的铜器"栾书缶"就是一件错金银佳作。该器现为中国历史博物馆收藏。

　　夏商时期黄金制品基本上用于装饰，主要器类有金叶、金耳环、金臂钏、金鼻饰、金笄、金苞，以及圆形、人字形或三角形等各种形状的金片。春秋时，黄金的用途显然在扩大，金器如耳环、带钩等，更多的黄金则用于鎏金和错金，还被用做货币。黄金的价值得到社会的普遍认可。

　　在中亚地区，考古工作者已发现公元前4000～前3000年前的银饰品。有关中国夏商周时期采冶银矿的情况，目前尚无较好的资料可供研究。但据楚墓中出土的带钩等银制品，并参照《尚书》等古籍中的有关记载推断，中国可能至迟在商周时期已能采冶并制作银器。

　　最初被开采的银矿物，当是自然银。自然银的产出形状，有树枝状、丝状及鳞片状和块状多种。将这些自然银收集起来，加以冶铸，即得银器。因迄今发现的商周时期银制品过少，估计当时尚未开采其他类型的银矿床。

铅与锡的冶炼

炼制青铜离不开铅和锡，但金属铅与金属锡是何时被冶炼出来的，一直是中国冶金史上的一个谜。

铅是重金属中最软的金属之一，呈蓝灰色，原子量为 207.21，比重 11.34，熔点很低，只有 327.4℃。自然界存在的铅矿主要有氧化矿和硫化矿两种。氧化矿的主要矿物是白铅矿（$PbCO_3$），硫化矿的主要矿物是方铅矿（Pb3）。但单一的铅矿很少，通常都与锌伴生，形成铅锌矿。

锡通常为银白而略带蓝色，原子量 118.69，比重 7.3，熔点 232℃。有价值的锡矿主要是锡石，分脉锡、砂锡两种，脉锡矿中常伴生有铜、铅等金属矿物。

由于铅和锡低熔点的特性，从理论上讲，是很容易被提炼的。

考古工作中发现的有关中国早期人工用铅锡的证据主要有两大类。

一类为金属铅器和锡器。现今发现的人工铅制品最早见于商代遗址或墓葬中。如商代后期墓葬中，常常出土铅戈、铅瓤、铅爵、铅尊等，而且铅瓤、铅爵往往成套出土。商周铅器的纯度已相当高，科学工作者曾对一件西周铅戈做化学分析，发现其含铅量高达99.75%。现今所看到的最早的人工金属锡制品也是商代的。如安阳殷墟大司空村殷墓中即曾出土锡戈。

另一类是作为早期金属器（主要是青铜器）中从属成分的铅或锡。如郑州小双桥商代遗址中出土的含高铅的铜建筑构件。

由于完整的铅器和锡器的出土，可以肯定商代后期已能炼制金属铅和锡。但考古工作中现已发现的年代最早的铅器及锡器，可能并不能反映古人最早冶炼金属铅锡的年代。中国开始冶炼出金属铅和锡的时间当还要更早一些。

仅就含铅的金属而言，现今已知中国最早的含铅金属是1970年代发现于陕西临潼姜寨的新石器时代晚期仰韶文化遗址中的黄铜片（含铅约5.92%）。不过该铜片中的铅可以肯定不是人工有意识冶炼出来的。该铜片中除铅之外，还有25.56%的锌。科学工作者已经通过实验证明：该铜片乃以含铅锌的铜矿石入炉炼制而成。铅与锌都是矿石中伴生的。龙山时代（公元前3000～前2000年），人们已冶炼出更多的红铜、青铜及黄铜。考古发现及鉴定结果表明，这时的青铜大部分为锡青铜，其中锡的含量甚不稳定，因为以铜锡共生矿石入炉冶炼，是完全可以获取青铜的。龙山时代人们所掌握的冶铜术，很可能仍然停留在冶炼单纯矿石的阶段，还不懂得有意识地在需待冶炼的铜矿石中事先加入一定量的锡矿石或铅矿石以制取青铜。而如果没有以铜矿石加锡矿石或铅矿石的过程，人类似很难直接进入到先分炼铜、锡、铅，再配比炼制青铜的阶段。

青铜时代早期，冶铜业进一步发展起来。考古发现的这一阶段铜器主要有红铜和青铜两类。但是，青铜的数量大大增加了，红铜则随时间推移呈明显的递减趋势。这一现象自然成为探讨铅、锡冶炼技术起源的重要线索。

经检测，青铜时代早期青铜制品中，锡青铜仍然居多。如夏家店下层文化遗址中出土的一枚青铜耳环，含锡约7%。山东泗水尹家城岳石文化的6件青铜器中，含锡高者达15.1%。二里头文化已发现的青铜器有锛、凿、刀、锥、钩、戈、铃及爵、鼎等少量容器。绝大部分为低锡青铜。铅青铜器较多见于黄河上游的齐家文化。甘肃秦魏家齐家文化遗址出土小青铜刀含铅约5%。

鉴于人们在使用由冶炼单纯矿石得到红铜或青铜制品过程中认识了青铜的优越性，因而总希望尽可能多地获得青铜。而红铜制品在全部铜制品中所占比例的递减，青铜制品绝对数量的增加和其在全部铜制品中所占比例的增加，表明人们已经掌握了获取更多青铜的手段。这可能意味着，当时或者掌握了以红铜加入金属锡或金属铅炼取青铜的技术，或者掌握了以铜矿石加入适量锡矿石或铅矿石炼制青铜的技术。而这两项炼铜技术不论哪一种被人们所掌握，我们都有充分的理由认为：至迟在中国青铜时代早期即公元前2000年前后，中国已能炼制金属铅或金属锡。因为当人们知道通常铜矿石中不加锡矿石或铅矿石会得到红铜，而一旦加入锡矿石或铅矿石便可得到青铜的时候，再跨入到掌握单纯加热锡矿石或铅矿石获取锡或铅的技术，应该是十分容易的事情了。

究竟铅和锡的发明孰先孰后？

有的学者考虑到铅的比重，认为铅的氧化矿物比重大，易于引起人们的注意，因而可能首先被人类在低温状态下还原出来。其出现时间，甚至与冶铜术的发明时间接近。不过对于史前时期的人类来说，大自然中的矿物易于引起注意者，首先应是颜色和光泽。故此山顶洞人最早注意到了赤铁矿，仰韶文化和龙山文化时代人们又注意到了天然红铜和孔雀石。人类最初对铅矿和锡矿的认识，大约即是从铜、锡，铜、锡、铅，或者铜、铅、锌等多金属共生矿开始的。现代地质勘察证实，在一些锡矿床中除锡矿石外，常有黄铜矿和其他金属矿物。锡矿床的氧化带中，绿石（孔雀石）也经常出现。人们很可能在采集"绿石"的同时，逐渐认识了锡矿和铅矿。故我们推测，铅、锡的冶炼可能是同时被发明的，均晚于冶铜术的开始时间。

初期的锡矿、铅矿开采技术，因缺少考古学方面的直接证据，目前还不能了解得很清楚。据有关古文献记载，古代锡矿产地以今河南省境内为多。但近现代地质矿产普查却没有在河南发现任何可供开采利用的锡矿。部分见于古籍的锡矿产地经普查后证明是铅矿。可能是一些古文献将中原的铅矿当成了锡矿。看来，中原一带铅或许可以自产，但锡则要从外地运来。

近年有线索表明，商周时期的重要铜矿采矿区，今安徽铜陵一带过去也曾产锡。故不能排除这里曾是商周时期的一个重要锡原料产地。

铅、锡的冶炼过程本身并不复杂。当时可能是采用不完全燃烧的木柴作为还原剂与铅矿或锡矿混装入炉，金属铅或金属锡化出后直接流入炉底，待扒灭炉火，再行收集铅或锡的团块。

金属铅、锡的冶炼是青铜冶铸业走向成熟的必要条件。同时，铅锡的冶炼技术也随着青铜冶铸技术的发展而不断提高。

朱砂、颜料、汞

汞是一种常温下呈液态的金属，俗称水银。

汞的矿物形态，常见有两种，即朱砂和自然汞。

朱砂（HgS）又称辰砂或丹砂，是典型的低温热液矿物，在地表下比较稳定，一般呈粒状浸染体、致密块体或粉末被膜。颜色为朱红色，半透明，性脆。朱砂的硬度为 2~2.5，比重 8.09~8.20。中国是世界上重要的朱砂出产国之一，尤以湘、贵、川三省交界地带为富。

古人对汞的认识，最早就是从采集和使用朱砂开始的。

河南偃师二里头遗址是中国青铜时代早期的著名遗址，该遗址很可能是夏代的都邑所在。20 世纪以来，考古工作者在这一遗址中发现了大量的朱砂。这些朱砂经常被播撒在墓葬中，成为人们埋葬死者时的一种随葬物，并具有某种宗教或习俗方面的意义。

考古资料表明，不仅二里头文化时期已大量开采和使用朱砂，整个商周时代，朱砂的利用量都是相当大的。郑州地区商代墓葬，尤其是安阳殷墟商代墓葬中，播撒朱砂者占有相当高的比例。

朱砂的一个更重要的用途是用做颜料。据科学工作者对著名的北京平谷琉璃河西周墓地所出漆器的分析测定，朱砂当时已被碾制成朱漆。遗址中所出漆豆、漆罍（音 léi)，均是以朱砂作为颜料的。二里头文化遗址以及更早的新石器时代晚期马家浜文化诸遗址中（如常州圩墩遗址、浙江河姆渡遗址第三层）也出土有漆器。由此推测，朱砂的利用在史前时期即已开始了。

然而朱砂只是一种含汞的矿物。其开采利用不能等同于汞的提炼与使用。

金属汞的提炼，可供分析的资料不多。我们认为，人们最初得到的金属汞，或许直接来自朱砂矿中。朱砂在氧化带里可以生出水银，而水银是体重的流体。它流集于朱砂晶簇或块体的空隙处，并被采集朱砂的人发现是完全可能的。

至迟在春秋时期，人们已获得了从朱砂中升炼金属汞的技术并大量生产水银。古书《括地志》记载说，齐桓公死后，埋在临淄县南 21 华里的牛首山上。晋代永嘉年间，有人将墓掘开，发现其中有水银池。春秋战国时鎏金工艺中，已经运用了金汞齐技术，是春秋时期已能利用朱砂提炼金属汞的例证。

三 战国至西汉前期的矿冶业

从中国矿冶发展史的角度看，战国初至汉武帝元狩四年（公元前 119 年）前后，是中国历史继以青铜器的冶炼为中心的青铜时代之后，所经历的一个以铁矿的开采及铁器的制作为中心的新的重要历史阶段，即中国早期铁器时代。

铁制农具虽然在春秋时期已经开始使用，但数量很少，并没有大规模取代青铜农具以及石、木、竹、骨、角、蚌类农具。战国以后，各诸侯国统治集团发现，铁制的农具和工具能够大大提高劳动效率，给他们带来更多的社会财富。因而纷纷组织人力开采铁矿，兴办冶铁场，打制和铸造各类铁农具。自此以后，铁制农具和手工工具以惊人的速度增加，战国中期，铁器已经全面推向社会。铁器尤其是铁农具的普遍应用，带来了社会生活的重大变化。大片荒地得以开垦，一些中型和大型水利设施得以修建。农产品的种类增加，单位产量提高。手工业、建筑业、商业、交通运输也随着农业的发展而发展起来。

金、银、铅、锡及青铜的冶炼、铸造技术也取得了新的进步。金、银等有色金属矿的开采规模扩大，应用范围得到拓展。青铜铸造过程中，除继续采用分铸法外，失蜡法被应用于复杂铜器的铸造。青铜兵器仍然是这一阶段主要的作战武器。金、银饰品成为深得人们喜爱的饰物。但青铜及黄金在用于铸造日用器具的同时，又被大量用来铸造货币。

以冶铁为主体的矿冶业的发展，不仅深刻地影响着战国至西汉前期的社会经济、政治、文化、艺术，也为中国矿冶水平的进一步提高，尤其为西汉后期至南北朝时期中国独特的钢铁冶炼体系的形成，奠定了坚实的基础。

铁矿的开采与铁器的冶炼

战国以后，铁器的生产、销售、应用都取得了长足的进展。迄今为止，仅战国早期铁器的考古发现，就已遍及今新疆、甘肃、山西、河南、山东、江苏、湖北、湖南、黑龙江、四川、广东等地。战国中晚期，中国的边远地区，如今云南、广西、福建等地也都出现了铁器。从现有考古材料看，战国时期各诸侯国国都及一些著名城市都设有冶铁作坊。例如，山东临淄齐故城、曲阜鲁故城、河北邯郸的赵王城、易县燕下都、河南新郑的郑韩故城等遗址，都发现了冶铁手工工场。当时，农民若没有铁制的农具，工匠若没有铁制的工具，都被认为是不可想象的事。可以肯定，在农业和手工业领域，铁制农具和手工工具已经取代传统的青铜、石、骨、木、蚌器，占据了主导地位。以战国时期的农具为例，1955年在河北石家庄市庄村战国赵国遗址中出土的铁农具占该遗址全部生产工具的65%。相对而言，铁器在军事领域的推广速度要比其在农业和手工业领域内慢一些。甚至到了西汉前期，铜兵器还占有很高的比例。尽管如此，铁兵器的比例仍然保持了强劲的增长势头。到汉武帝时，铁兵器在军事领域内已基本取代了青铜兵器。

战国及西汉前期开采铁矿石和冶炼铁矿石的具体技术过程，目前因资料所限尚不十分清楚。但考古发现的古代冶铁遗址，仍然为我们提供了一些重要线索。

河南西平县，曾是文献记载的中国最早的古代冶铁地点之一。据说这里还是中国古代名剑师干将、莫邪铸剑的所在地。现代矿业普查证明，这里确实分布着丰富的铁矿床。1950年代，考古工作者在西平县的棠溪河畔，发现了一处战国时期的冶铁遗址，1980年代后期又对其作了较大规模的发掘，发现了大量战国炼炉的残壁、炼渣和部分生活用器。随着工作的开展，在现西平县铁矿区的范围内，已先后发现战国时期的冶铁遗址8处，这些遗址一般都发现有炼渣、炼炉残壁，有的还出土有铁矿石。从西平古遗址出土的炼炉残壁、炼渣情况看，战国时期通常采用圆形竖炉炼铁，并已应用掺炭粉的黑色耐火材料。炼铁的燃料仍是木炭。从有关文献记载看，鼓风技术方面已采用皮囊鼓风法。河南新郑仓城战国冶铁遗址中，于一座熔炉之外发现了用来架设鼓风管的砖柱。

战国至西汉前期，铸造铁器用的熔铁炉一般是由熔铜炉改良而成的。铁器的成型技术，除去锻打或泥范铸造外，还发明了金属范铸型工艺。如河北兴隆县战国冶铁遗址中发现有铁制的双镰范、铁斧范等。铁范的使用，不仅提高了铁器成型的效率，还可以保证取得薄壁的生铁铸件，有利于对铸件作柔化技术处理。铁器制造中还广泛使用了淬火技术。河北易县舞阳台44号燕国墓中曾出土多件锋刃部作过淬火处理的铁兵器。除继续采用低温固体还原技术生产块炼铁产品外，以白口铁为原料铸造的器件有了明显增加。截至1985年止，经学术界检测的30件战国初期铁器中，至少23件是铸铁制品，占76%。一些硬度要求较高的开沟破土器如铁犁铧，大都是以性能脆硬的白口铁铸造的。战国中晚期，具有白口铁和灰口铁混合金相组织的麻口铁问世。湖北大冶铜绿山遗址出土的战国铁锤就呈现这种金相组织。为进一步改善铁器的性能，大约在春秋战国之际，冶铸工匠又发明了铸铁柔化处理技术，这使性能脆硬的铸铁产品增强了韧性，从而具备了广泛应用的价值。金相分析表明，相当多的战国至西汉前期的铸铁器都经过了不同程度的柔化处理。例如，1973年湖北大冶市铜绿山矿冶遗址中出土的铜绿山六角铁锄及1974年河南洛阳水泥制品厂基建工地一座战国早期灰坑中出土的铁铲等。其中洛阳水泥厂铁铲经鉴定，基体为白色铁素体，石墨呈黑色团絮状，是已知的年代最早的黑心韧性铸铁产品之一。由于铁的品种的增加及铸铁柔化处理技术的发展，战国至西汉前期铁器的性能有了普遍改善，应用效果明显优于同期青铜器和春秋以前的铁器。

与商至春秋阶段相比较，战国及西汉前期铁器的器类有了明显增加，器形也开始多样化和复杂化。以考古发掘出土的实物来分类，主要有犁铧、镢、锸、锄、铲、镰、刀等农具，斧、锛、刀、削、凿、锥、钻、锤等手工工具，剑、戈、戟、刀、矛、铠甲等兵器。此外，还有鼎、釜、三足架、权、带钩、镯、针等日用器，并且出现了铁质货币铁半两钱。1950 年由中国科学院考古研究所在河南辉县固围村一批墓葬中发掘出土的战国时期魏国铁器，和 1965 年由河北省文物管理处在河北易县燕下都遗址武阳台 44 号战国墓中发掘出土的燕国铁器，反映了当时铁器生产和使用的基本情况。固围村出土的铁器共 193 件，包括农具、手工工具、兵器及少量日用器。其中农具所占比重最大，有犁铧、锄、铲、镰；手工工具有斧、削、凿、砍刀、小刀、钉、钳、扳形器；日用器有铁带钩；另有铜铤铁镞数十件。据鉴定，这批铁器多数以块炼铁制作而成。易县燕下都出土的铁器全部为兵器，共 5 种 51 件，以剑和戟最为引人注目。其中铁剑 15 柄，长 73.2～100.4 厘米不等，形制大致相近。12 件铁戟都作"卜"字形。据鉴定，这批铁器多数系块炼铁制品或块炼铁渗碳钢制品，有的刃部做过淬火处理。燕下都铁兵器的发现表明，战国时期铁兵器的制作，主要仍以块炼铁为原料，在继承传统的锤炼渗碳成钢的工艺的同时，又成功地运用淬火技术加工兵器的锋刃，增强了兵器的锋利程度，提高了兵器的杀伤性能。

除云南、贵州等边远地区外，铜铁复合工具已不多见。为适合不同的使用要求，同一类器物出现了多种不同的形制。例如，铁锄，可分为六角锄、板锄、条形锄；铁锸可分为平刃一字锸、凹形锸、舌形锸数种。此时的犁铧一般作"V"字形，但不同的"V"字形铧也有大小或者夹角的区别。铁剑有长剑、短剑、无格剑、有格剑之分。一些特殊用途的铁器还采用了特殊的加工工艺，例如，在带钩上错以金银或镶嵌金玉，使之达到美观华丽与实用相兼顾的效果。长台关错金嵌玉铁带钩就是这样一件具有代表性的作品。该带钩制作时代属战国早期，1957 年由河南省文物工作队在信阳长台关 1 号楚墓中发掘出土，全长 21.5 厘米、中宽 3.75 厘米、厚 4～6 厘米，带体呈扁条形，正面镶嵌有 4 块方形金质蟠螭纹浮雕，靠近钩端镶嵌 1 块三角形金片。4 块金质浮雕间，镶嵌有 3 块谷粒状方玉，蟠螭纹浮雕的外侧饰以错金蚪纹。钩端为错金龙首，钩背有扁圆钮。纹饰流畅秀丽，外形美观大方。

铁器在社会上的推广普及，促进了生产力的发展，带来了社会经济的繁荣，同时也成为引发战国以来深刻社会变革的根本动力。齐、楚、燕、韩、赵、魏、秦七国相互之间的长期的兼并战争，无不是凭借锐利铁器的垦荒修渠、耕耘收获获得的经济基础为后盾。西汉初实行"休养生息"政策之后呈现的"文景之治"繁荣时期，同样依靠了铁器在农业、手工业生产中所发挥出来的巨大作用和效益。处在同一时期的世界其他地区，这时尚只能生产块炼铁。已经掌握了生铁冶铸技术并能够熟练地对铁器进行柔化处理和淬火处理的中国，在铁器的制作和应用方面均领先于当时世界各国。

② 铜矿的开采与铜的冶炼

战国以后，各地金属矿床得以更广泛的开采。人们在找矿过程中逐渐积累了许多找矿经验。《管子·地数》："凡天下名山五千二百七十，出铜之山四百六十七……上有慈石者，下有铜金；上有陵石者，下有铅锡赤铜……"这段话反映了人们对金属矿的共生关系有了较确切的认识。《管子》一书被认为成书于战国之时，因此所载的内容不会晚于战国时期，甚至还有可能是春秋以前人们的经验之谈。

考古发现的古代采矿场，往往都是延续数百年乃至千余年的具有一定规模的矿场。其中可以肯定在战国至西汉前期被开采过的较大规模的矿场主要有以下6处：江西瑞昌铜岭铜矿遗址，安徽铜陵、南陵铜官山古铜矿遗址，内蒙林西大井古铜矿遗址，湖北大冶铜绿山遗址，湖北阳新港下遗址，湖南麻阳古铜矿遗址。安徽铜陵古铜矿遗址，可能包括文帝时吴王刘濞（音bì）把持的豫章郡铜山在内。豫章郡元狩二年（公元前121年）改为丹阳郡。吴王刘濞在这里"即山铸钱，富埒天子，其后卒以叛逆"。从这些遗址反映的情况看，当时的采矿方法主要是坑采。技术手段仍然沿用了春秋时期采矿的各项技术，如木质支护、井巷结合、向上式采选、自然通风、槽式排水、竹签照明、竖井辘轳提升等。炼炉主要是依靠夯土筑成的竖炉。竖炉的形状并不完全一致，铜绿山的竖炉炉缸截面呈长方形，长70厘米、宽40厘米。而内蒙古大井的炼铜炉，有的截面呈椭圆形或马蹄形，直径0.8~1.2米，拱形金门；有的则作多孔串窑，直径大一些，约1.5~2米。炉内耐火材料是掺石英砂的黏土。考古发现的竖炉能复原的不多。但据文献记载，西汉前期时，炼炉甚为高大。《南齐书·刘悛传》载西汉邓通冶铜铸钱时提到，"烧炉四所，高一丈，广一丈五尺"。炉高一丈，折合成现代尺寸为3米以上，其规模足以反映当时的冶铜水平。冶炼采用木炭作燃料。一些炼炉遗址周围即被发现堆有木炭堆。

青铜的铸造技术较之春秋以前又有了一定的提高，人们在逐步掌握了通过观察火候及烟色的变化来控制铸造过程的技术。《韩非子·显学第五十》："夫视锻锡而察青黄，欧冶不能以必剑。"《考工记·凫氏》："凡铸金之状，金与锡黑浊之气竭，黄白次之；黄白之气竭，青白次之；青白之气竭，青气次之；然后可铸也。"即是说，铜液加热时，不同时候会生成不同颜色的气体。开始加热时，铜料附着的碳氢化合物燃烧而产生黑浊气体。随着温度升高，氧化物、硫化物和某些金属挥发出来，形成不同颜色的烟气。当呈青色时，说明其铜锡中所含杂质大部分都跑掉了，就预示着精炼成功，可以浇铸了。在铸造过程中，强调要"刑范正，金（铜）锡美，工冶巧，火齐得"（《荀子·强国》）。既要求铸器的范具和模具形正材优，又要求铜、锡（或铅）原料质量上乘，还要求工人配合熟练、火候恰到好处。春秋时期总结出的"六齐"理论，这时也有了新的发展，表现在铸造青铜时对铅、锡、铜比例的具体调配上。铅的增加可以大大提高液态青铜的流动性，可用于铸造轻薄而精致的铜器。考古工作者发现的一些战国或西汉前期的青铜器，其厚度常常只有1毫米左右，工艺之精，让人叹服。

随着西周王室地位的衰微，青铜时代作为政治权力或权威象征的青铜礼器，已随着"礼崩乐坏"而逐渐退出历史舞台。青铜器的生产，在新的历史条件下，适应着更广泛的社会要求。

首先，随着商品经济的发展，青铜担当起最主要的造币原料，当时除了自己生产、制造商品，自己出卖商品的小工商业者之外，专门的商人日益增多。商人南来北往，纵横于各国之间。战国时，青铜货币因分由各国自行铸制，因而型制和重量因国而别。韩、赵、魏所在的三晋地区以布币为主，散及燕、秦；齐燕以刀币为主，散见于赵；楚以蚁鼻钱为主。圆钱出现较晚，是秦国的主要流通货币。秦统一六国后，颁令全国以青铜铸制统一的"半两"圆钱。西汉初沿袭，铸半两钱。

其次，青铜兵器耗费了大量青铜原料。尽管铁器在农业生产中取得了主导地位，但由于炼钢技术尚未充分发展起来，在军事领域，铁兵器的普及经历了一个较长的时期。青铜兵器在整个战国至西汉前期，一直是战争的主角，常见的为戈、矛、戟、剑、刀、镞、弩等。秦始皇统一六国后，曾收天下之兵器，铸金人十二，可见当时兵器，基本都是铜兵器，考古发现也无可辩驳地证实了这一点。战国时，铁兵器在各类兵器中只占有较小的一部分，汉武帝在位期间，铁兵器逐渐取得与青铜兵器平分秋色的地位。直到西汉末年，铁兵器才完全取代了青铜兵器。

再次，日常生活类青铜器数量增加。常见的容器有鼎、敦、壶、尊、盆、盘、勺等。其他日常生活用器如灯具、炉具、建筑构件、家用削刀、铜镜、带钩、车马器等也多以青铜铸造。战国墓葬中，还常以成套青铜鼎、敦、壶随葬。

此外，尽管战国时期铁器已经在生产领域中崛起，但仍有部分农具和手工业工具是用青铜铸造的。例如，考古工作中发现的战国铜锛、铜铲、铜锄、铜镰。

由于铸造技术的进步，战国时期出现了许多具有极高工艺水平的青铜器精品。例如，湖北随县曾侯乙墓出土的大型编钟，铸工精良，音频准确，音色纯正，至今仍可演奏出完整的乐曲。河北平山中山王墓中出土的战国时期的错金银龙凤鹿方案结构虽然复杂，但用于装饰的龙、凤、鹿图案分布得体，错落有致，方案整体玲珑剔透，宛如天成。

青铜加工工艺、装饰艺术取得了相应的发展。

1970 年代，有人注意到陕西临潼秦始皇陵东侧陶俑坑出土的一批青铜剑与青铜镞至今未锈，于是加以研究，结果发现，这些铜兵器的表面都有一层薄薄的氧化膜。该层膜虽薄，但很致密，起着对青铜器的保护作用。由于保护膜中含有2%左右的铬，因而有可能是把剑和镞放在重铬酸钾熔盐或水溶液中浸煮过。在西汉时期河北满城汉墓中，也发现了表面生成了一层含铬氧化膜的青铜镞。

青铜的冷加工技术主要表现为镶嵌红铜工艺及错金银工艺水平的进一步提高。山西浑源县出土的春秋狩猎纹豆及陕西咸阳出土的战国错金银云纹鼎，就是这方面的代表作品。前者由镶嵌在豆腹上的红铜组成两组狩猎场面，线条若行云流水。后者以金银片错成几何云纹、莲瓣花纹，更是生动醒目。

3 金银的采淘和冶炼

战国以后，黄金的开采受到各国普遍重视。黄金产量大为增加。

楚国在战国时期开采金矿和利用黄金方面走在各国的前面。这一战国时著名的诸侯强国，其极盛时曾拥有黄河以南、长江中下游广大地区的领土。因楚国境内盛产黄金，因而其金产量长期高居各诸侯国之首。

《战国策》卷十六载："黄金珠玑、犀象出于楚。"可见楚国多金，是自古有名的。楚国所产黄金中，可能以砂金为主。

楚国黄金的用途，主要包括铸币、金器及金饰品制造、器表装饰（错金、鎏金）三个方面。

楚国金币按其形状可分为饼金和方形块金。

方形块金又称金版，金版上往往加盖有印记，如"郢爰"、"陈爰"等。这些印记，实为金币铸造地的标记。郢爰为楚之王都郢所铸。但公元前 278 年，郢都失陷，楚徙都于陈，此后所铸金币即为陈爰。今安徽、山东、河南、湖北、江苏等地多有"郢爰"、"陈爰"金币发现。另外，楚币中还有"覃金"、"颖爰"等黄金币，但相对少见。

楚国之外，其余各国也十分重视采金活动。如在东方诸侯中素有影响的齐国，曾采取"官山海"的办法，将矿山的开采权收归官有，加以管制。在秦国，黄金也被制成金饼用以充当货币。1929 年陕西兴平县念流寨发现秦代金饼 7 枚，1963 年陕西临潼武家屯在一铜釜内发现秦代金饼 8 枚。其中武家屯秦代金饼纯度高达 99%，其中 5 枚还阳刻篆书"四两半"字样。

战国初期的一些中小国家，黄金器物的制作同样极为讲究，与大国相比，毫不逊色。1978 年，考古工作者在湖北随县擂鼓墩战国时期曾侯乙墓中发掘出一件金杯。该杯高 10.65 厘米、口径 8.1 厘米、底径 6.3 厘米、盖径 8.2 厘米，重 789.9263 克。由器盖和器身组成，盖面圆鼓呈半球状，略大于口，盖边内沿有 3 个等距的内卡。方唇，敞口，器身为束腰形，平底，腹壁的两边有对称的圆形耳一对。通体光素无纹样，器壁较厚。铸造而成。与该杯一同出土的还有金盏。此盏的造型别致，目前考古发现的遗物中尚无同类器物。金盏的盖顶有环式把手，环下以 4 个短柱与盖面连在一起。盉身为直口，腹壁向下逐渐内收成圆底，腹外有两个对称的环状耳。底部为 3 个倒置凤形足。器盖和器身都饰以精细的蟠螭纹和云雷纹。制作上采用了与青铜器相似的铸造方法。

春秋战国时期，中国北方地区也发现了较多的金银器。内蒙古一带出土的金银器，以带马、鹿、鹰、异兽纹样的牌饰为主，以表现动物相互咬斗为其特点。工艺上是将金料锤揲成薄片，再锤图案。如内蒙古杭锦旗阿鲁柴登发现的匈奴王遗物，有金器 218 件，银器 5 件。其中金冠顶和金冠带，是为匈奴金器工艺的代表作。冠顶的下部用厚金片锤成半球形，上面浮雕狼和羊对卧的纹样，球上立一只雄鹰，冠带由 3 条半圆金带组成，两端浮雕卧马及羊。

西汉前期，是黄金生产的大发展时期，其时黄金产量达到令人难以置信的水平，据有关资料记载，汉初时黄金引用的总量在百万市斤以上。汉初梁孝王去世时，王府内藏黄金达 40 万市斤。

汉初黄金曾广泛用于赏赐、赠送。《史记·陈丞相世家》载，当年汉高祖为对付项羽，派陈平潜往楚军中行反间计。陈平走时带了黄金 4 万市斤，终使项羽疑其大将钟离昧收受汉贿。高祖即位时，大臣们不懂朝仪。叔孙通创立朝规，百官照而执行，一时秩序井然。刘邦龙颜大悦，即行赐金 500 市斤。文帝时，因大臣诛诸吕有功，行赐周勃 5000 金，陈平、灌婴各 2000 金，刘章、刘揭各千金。

黄金铸制的物品中，以金印最为尊贵。考古工作者在广州西汉南越王墓中，发掘出南越国第二代国王赵眜的行玺，通体黄金铸成，正方形，长、宽3.1厘米，通高1.8厘米，重148.50克。是迄今所见最早的龙钮金印。

关于战国及西汉前期的采金技术，仅仅依据当时各国的黄金产量，便可推断当时已不是单纯的拣取自然金，而是发展到了真正的淘采阶段。《韩非子》中有记载说："荆南之地，丽水之中生金，人多窃采金。"可见水中淘采是当时重要的采金方式。

熔铸法是战国以后生产黄金制品的主要方法。楚国的"郢爰"、"陈爰"即是铸成各种形式的黄金货币。四川涪陵小田溪战国土坑墓中出土的错金编钟，也是整铸而成的。黄金拉丝工艺在战国时已达到相当高的水平。尽管目前尚难肯定黄金拉丝工艺最早产生于何时，但湖北随县曾侯乙墓所出的"金缕玉璜"，即是以纤细的金丝将两块玉片连缀在一起，精巧别致。西汉曾风行一时的金缕玉衣充分展示了黄金拉丝工艺的最高水平。错金技术又有新的提高，河南辉县战国墓中出土的一件错金银兽首形铜饰，通高8.87厘米、长13.7厘米、管径4.8厘米，形如兽首，头、颈皆错金银卷毛纹、菱纹和鳞纹。著名的平山中山王墓中出土的错金银虎噬鹿铜器座，全身装饰了细如发丝的羽纹、鳞片，金铜辉映，颇有神趣。

少数民族地区的黄金加工技术丝毫不逊色于中原。如内蒙古杭锦旗阿鲁柴登发现的匈奴王遗物，有金器218件、银器5件，制法包括了铸造、锤揲、镌镂、抽丝、编缀、镶嵌等。

在一定程度上，战国时期的金银器的制作，已呈现出不同的地区特点。除了形制和纹样的区别外，北方多用锤揲，中原和南方流行铸造。

银在战国至西汉前期极为贵重。现今发现的这一阶段银制品极少，可能与自然银难觅、从矿物中提炼银的技术尚不成熟有关。我们对中国古代使用金属银的知识，大都来源于各种错金银器物。如湖北包山楚墓中所出错银带钩，就是一件精美的工艺品。

4 金属铅锡的冶炼和汞的提取

战国至西汉前期铅和锡的生产和应用情况，只能通过考古资料加以了解。

考古发现的这一时期的铅器和锡器主要包括容器、武器、装饰品等类。如山东省长清县岗辛战国墓中出土的铅制明器铅壶、铅钫、铅盘、铅罐、铅盒，广州西汉南越王墓中出土的铅弹丸、铅块，山西朔县出土的西汉时期铅箭头，湖北随县擂鼓墩二号战国墓中出土的战国时期铅棺钉，河北新乐中同村战国墓中出土的锡饰，湖北当阳曹家岗战国墓中出土的锡套环，湖北枝江姚家岗战国墓出土的锡钩、锡块，湖北鄂城战国墓中出土的锡环。

从考古发现的铅锡文物看，当时各地铅、锡矿的开采和金属铅、锡的冶炼已很普遍。而其中湖北一带可能有当时的大型锡矿。铅锡的用途除继续用于掺炼青铜外，铅器锡器的铸造也很流行。

战国至西汉前期汞的生产情况不甚清楚。有的古代文献中说，秦始皇修造骊山陵墓时，墓室周围曾以水银制成江河大海（《辛氏三秦记》）。如果这一记载可信表明当时水银的产量盛高，产地或不止一处。

朱砂的应用，在战国至西汉前期发展到了一个新的高峰。战国时期，漆器的兴起与青铜器的衰落有着密切关系，因为漆器与青铜器相比，具有轻巧、耐酸、宜于装饰、光泽艳亮的特点，因而漆器得以大规模发展。朱砂是制漆的一种重要原料。因此可以设想，朱砂矿的开采应备受重视。四川在西汉时成为制漆业的一个中心，《史记·货殖列传》记载某村的先人，曾在四川涪陵得到丹穴。这里或者可能是战国或西汉时人开采的一处汞矿。

四 西汉后期至南北朝
时期的矿冶业

汉武帝元狩四年（公元前119年），西汉政府颁行管盐铁之法，实施盐铁官营，并在全国各郡县广设冶铁场和铁器制造作坊。从此，中国冶金史进入一个全新的时代。这一新的时代以铁矿的大规模开采以及独具特色的中国古代钢铁冶炼技术体系的形成为核心，使矿冶业得到全面发展。

西汉后期至东汉，由于社会相对较为稳定，政府对各矿场、作坊实行了有效的管理，铁、铜等金属的产量空前提高。炒铁（钢）技术、脱碳钢技术、百炼钢技术等一系列新发明以及新的热处理技术使大批农具、手工工具的性能明显改善。随着硫化铜矿的更广泛的开采，冶铜工人获得了比氧化铜矿品位更高的铜矿。上山采金，下河淘金。以鎏金技术为代表的黄金加工工艺达到了较高水平。银的炼制技术也有进展，"沉铅炼银"法被广泛采用。

三国两晋南北朝阶段，政治格局变化较快。从3世纪初三国鼎立的局面形成，直至6世纪末隋灭陈，约四个世纪的历史中，除西晋时期的短暂统一外，政局一直处于若干政权割据的状态。这期间，北部边疆的少数民族大举进入中原，部分汉人也不断迁徙、流动。不同的统治集团相互混战、掠夺，社会动荡不安。但是民族的迁徙所带来的民族交往和融合，也给矿冶技术的普及推广创造了机会。随着北方人口的南迁，以长江流域为轴心的南方经济迅速发展。南方丰富的金属矿床得到了更为充分的开发。

东汉以后，佛教正式传至中原，到南北朝时，各地信奉佛教者甚众。善男信女们以开窟凿龛、建寺升塔的方式表达他们礼佛的虔诚。开窟建寺过程中，既需要大量的钢铁工具，也需要大量的金银等各种金属。这也客观刺激了金属矿业的开发和应用。

西汉后期至南北朝阶段，是冶金史上大规模开发金属矿藏的时期，同时也是冶金技术的高涨时期。

独特的钢铁冶炼体系

汉武帝元狩四年（公元前119年），汉朝廷正式宣布实行盐铁官营政策，将盐的购销和铁矿的开采及冶炼一并收归国有。为了更好地经营和管理铁的冶炼和铁器的制造，政府在全国设铁官40处，隶属全国40个郡。汉武帝的铁官政策，一直影响到东汉。东汉时期，一部分西汉旧冶铁场已撤铁官，一部分地区因新开铁矿又新增铁官。所撤铁官集中于今山东、江苏、河南、河北、陕西等省。如河南，西汉时有7处设铁官，东汉撤官后仅剩 3 处。而新增铁官的地点有四川、云南、安徽、湖南等省。这反映出南方诸省的矿山得到了进一步的开发。

随着考古工作的开展，不少西汉后期和东汉时期的冶铁遗址已被发掘出来。这些遗址有郑州古荥镇遗址、巩义市铁生沟遗址、临汝县夏店遗址、温县招贤村遗址、南阳瓦房庄遗址、桐柏冶铁遗址、鲁山望城岗遗址、南召冶铁遗址、鹤壁冶铁遗址、新安县冶铁遗址（均河南省境内），禹王城冶铁遗址（山西省境内），凤翔南古城遗址（陕西省境内），和林格尔遗址（内蒙古境内），泗洪县锋山镇遗址、徐州利国驿遗址（江苏境内），民丰冶铁遗址、库县冶铁遗址、洛浦县冶铁遗址（新疆境内）等等。

将考古发现的冶铁遗址的出土文物（尤其是一些带有铭文的铁器，如"河三"铁铲）及遗址所在地点与文献记载相对照，现已能将一些考古遗址与文献所载的铁官作坊联系起来。例如，郑州古荥镇遗址、临汝夏店遗址、巩义市铁生沟遗址三处冶铁场，正是汉河南郡所辖的三个著名铁官作坊，分别称为"河一"、"河二"、"河三"。南阳在汉代属南阳郡，南阳瓦房庄遗址正处汉南阳郡境内，其铁官作坊的编号是"阳一"。

三国时，魏、蜀、吴均很重视冶铁业的发展。曹操得冀州之后，很快就设置"司金都尉"、"临冶谒者"等官，管理当地的铁冶。刘备则实行盐铁全面官营政策。吴国也在武昌、丹阳一带大规模采铜。

两晋南北朝阶段，社会较长时间陷于战乱和分裂之中，铁矿的开采和冶炼受到一定影响，但并未完全停止运作。例如，北魏时，在今河南浚县北边的相州牵口设有作坊，铸造农器和兵器。北齐时也在河北磁县的滏口开矿冶铁。而在当时的南方地区，今江苏、浙江、湖北等省境内的许多铁矿一直在继续生产，甚至南朝宋文帝还于元嘉初年（424年）在武昌新建了水冶铁矿。

汉武帝"筦盐铁"不久，各地铁矿很快繁荣起来。至西汉后期，铁兵器已彻底取代了铜兵器。南朝梁武帝曾用铁堵浮山堰决口，一次即耗铁数千万斤。可见，西汉后期至南北朝阶段，社会上铁的产量已相当高了。

当时的炼铁水平，每得铁一吨，约需数吨矿石，如遇品位低的贫矿，需矿石更多。西汉时，采矿规模十分庞大。考古工作者在许多冶铁遗址附近发现有成堆的矿石，甚至还有矿井、矿洞、巷道，以及各式开采工具。

巩义市汉代冶铁遗址附近的采矿区，位于青龙山和少宝山附近，二者属嵩山支脉。《山海经》即有"少宝之山，其下多铁"的记载。采矿区中发现有矿井。从矿井的掘进方法看，当时采矿已很讲究：矿井与矿床平行侵入地下，井下再开巷道。其中竖井既为巷道采矿提供条件，又起探矿作用。

采出的矿石入炉前，一般需要经过选矿的过程。汉代各矿冶遗址的发掘表明，当时人们已认识到了矿石的块度对冶炼过程有重要影响。故而矿石的破碎和筛分已经作为一项专门的工序出现于冶铁作坊中。巩义市铁生沟遗址即设有专门的矿石加工场。加工矿石的工具是石砧和铁锤。破碎加筛分后的铁矿石的粒度，大约在 3 厘米左右。这种粒度入炉冶炼，是十分合适的。

冶铁原料仍然以木炭为主。考古工作者在郑州古荥镇汉代冶铁炉中，找到不少有残存木炭的炉料凝结块。虽然在巩义市铁生沟、郑州古荥镇、山东平陵等汉代冶铁遗址中发现有煤，但这些煤当时只是用作一般燃料。不过有迹象表明，北魏时期可能已经开始用石炭冶铁。北魏时期的重要地理著作《水经注》记载说，当时的中国西部地区，人们已开始采掘山中的石炭并用作冶铁燃料。

汉代的炼炉，有圆形、椭圆形、方形、长方形多种，内径一般在 2 米左右，形体高大者内径超过 3 米。河南新安、鹤壁、巩义、临汝，江苏徐州、泗洪，北京清河等地的汉代冶铁遗址中，均有残存的炼炉出土。这些炼炉残高都在 2 米以上，实际高度当然还要高得多。河南郑州古荥镇冶铁遗址原是汉代河南郡的"河一"冶铁场。该遗址位于郑州古荥镇汉代古城的西城墙外，遗址面积达 12 万平方米。考古工作者曾对其进行两次发掘，发现了炼炉、烘范窑、水井、水池、船形坑、四角柱坑等遗迹。其中一号炼炉形体巨大，炉缸呈椭圆形，内径 2.8 ~ 4 米。炉腹角约 62 度，以此测算，一号高炉原高度约有 4.5 米，甚至可能超过 5 米。有效容积将近 50 立方米。据炉基及残存炉壁等情况分析，该炉炉体呈馒头状。炉的两侧各插有两个陶质鼓风管。据考证，该炉日产生铁量约在一吨左右，可能是当时世界上最大的炼铁炉。徐州利国驿遗址发现一座较大的方形炉，内腔达 2.5 米×1.4 米、残高 1.8 米。《汉书·五行志》曾载汉代竖炉冶铁过程中发生的两次事故。其中一件为：汉成帝河平二年（公元前 27 年），沛郡的一处冶铁作坊在冶铁过程中，忽然炉中的铁水阻塞，不能从炉中顺利流出。过不多久，只听见炉中发出一阵阵如雷般的吼声。正在操作中的 13 名工人听到吼声，吓得四散而走。待到声音停止，工人才小心翼翼地回来察看，结果发现，原来炼炉所在的地方已下陷数尺之深，原来的炼炉早已分裂成 10 余块残炉壁。炉内的铁液凝结成碎块，飞出炉外，地上散落得到处都是。

上述事故留下了当时炼炉的用工情况。炼炉一班用 13 人操作，其生产规模，可窥一斑。

从考古发现的汉代炼炉炉壁看，汉代炼炉的建炉材料常常是用掺煤的黑色耐火材料或用黏土掺一定比例的沙粒拌和而成。

竖炉炼铁，炉腔为原料填充，对气流阻力极大，没有足够的风压，风是无法鼓入的。炉型造得越大，对鼓风的要求也就越高。汉代的鼓风设备主要是皮囊鼓风，装入炉中的鼓风管通常是泥质的。鼓风嘴或垂直插入炉中，或从炉侧插入炉内。河南渑池曾发现过铝土鼓风管。山东滕县宏道院出土过一块汉代画像石、上有一幅生动的冶铁图，其中所用鼓风设备，是一大型皮囊，以人力操纵。为了增大鼓风量，人们有时将数个皮囊放在一起，连成所谓排橐（音 tuó）。东汉以后，人们为进一步改善鼓风条件，还发明了水排。据说以水排用于冶铁，用力少而见功多，功效 3 倍于前。

汉代熔铁炉的内径较炼炉略小，一般约 1~2 米，高为内径的 1 倍以上，通常都有炉衬。河南南阳瓦房庄冶铁遗址也是汉代的一处大型冶铁遗址，其面积约 12 万平方米。考古工作者在该遗址中发现西汉时期的熔炉炉基数座。据测算，南阳瓦房庄遗址汉代熔炉的内径在 1.3~1.5 米之间，熔炉高度约 3 米。遗址中与熔炉共处组合的勺形坑，则可能是以人力为动力的卧轮传动的鼓风机械的基址。在冶铁场，炼铁区与铸造区通常是各自分开的。郑州古荥镇遗址中，炼铁区位于遗址西侧，东侧才是专门的铸造区。考古工作者在汉代各铸造遗址中发现了大量的熔炉残块、耐火砖、鼓风材料和各种范块及泥质模。如巩义市铁生沟"河三"冶铁遗址中，就曾大量出土耐火砖。南北朝时期，冶炉工人们还掌握了一种新型耐火材料——铝土。铝土资源丰富，耐火度高，使用寿命长。除了炼炉、熔炉之外，与各种钢铁冶炼技术相适应的其他冶铁炉也屡有发现，如退火脱碳炉、炒铁炉、锻炉、烘范窑等。巩义市铁生沟"河三"遗址中发现的退火脱碳炉设计最为科学，其炉壁和炉底均筑成 8 厘米宽的空腔，前端腔口与火池相接，后壁腔与烟囱相通，如此，不仅通风性能好，且前后炉温均匀。

各铸造作坊中，制模、制范、烘范、熔铁、浇铸，各个程序均有明确分工。南阳瓦房庄汉代冶铁遗址大量铸模和铸范的发现，为我们研究当时的铸造技术提供了重要实物资料。汉代的叠铸技术已经十分规范，而且创造了工效更高的双堆叠铸技术。河南南阳瓦房庄汉代冶铁遗址中即出土有双堆叠铸的铸具。汉代的烘范技术也取得了长足的进步。河南温县招贤村烘范窑址是迄今发现的最具规模的汉代烘范窑遗址。遗址中的烘范窑由工作坑、火膛、窑室、烟囱组成。窑室内还堆放着已烘好待铸的 500 余套叠铸范。

随着铁器应用的普及，铁器的锻造技术也有了发展。汉代的锻造炉一般都不很大。南阳瓦房庄遗址中发现的锻造炉炉腔长 70 ~ 86 厘米、宽 20 ~ 36 厘米。因此有的学者推测，这种锻造炉只适于锻造中小型长条形铁器。

西汉后期以来，淬火工艺已广泛应用于铁器的生产中。满城刘胜墓出土的一部分铁剑，即具有经过淬火的马氏体组织。其他许多以百炼钢、灌钢制造的兵器，也都经过淬火处理。如永初卅湅铁刀。至迟在三国时期，人们已认识到不同水质对淬火后钢铁的质量有所影响。南北朝时期，人们还曾使用牛、羊、狗、猪等动物的油脂或便溺作为淬火冷却介质。为了进一步提高器物的硬度，西汉时期，冶铁工匠采用了一种表面渗碳技术。满城刘胜墓中出土的刘胜佩剑及错金书刀，就曾经过表面渗碳。经化验，它们的中心是低碳钢，含碳为 0.1% ~ 0.2%，而刀、剑的表面却有明显的高碳层，含碳约 0.6% ~ 0.8%，这一结果，使刀剑外刚内柔，既有韧性，又锋利快捷。

西汉后期冶铁业的最大成就，是钢铁品种的增加和一系列炼钢工艺的发明。这些炼钢技术成就，形成了世界冶金史上独具中国特色的炼钢体系。

西汉后期以来的中心产品是生铁。由于炼炉、鼓风装置等冶铁技术的重要方面取得了进展，生铁的质量迅速提高。冶金工作者对西汉后期及汉魏时期的两块铁锭做过化学分析，结果发现，二者都属低硅中磷生铁，以现代生铁的质量标准来衡量，也是合格的。生铁的品种日趋丰富，除白口生铁外，人们已经能生产出具有良好耐磨抗震性能的灰口铁产品和优质的球状石墨韧性铸铁产品。据有的学者统计，我国凡是发掘面积较大和出土铁器较多的遗址，都检查出了"球墨可锻铸铁"。汉魏时期还出现过优质的高强度球墨可锻铸铁。河南巩义市铁生沟出土的铁生沟铁锨，经检测，其球化率接近中国现代有关球墨铸铁含碳球化率国家标准的一类A级。渑池汉魏铁器窖藏中出土的257号铁斧的銎部，也发现有相当于现代球墨铸铁的球状石墨。

铸铁脱碳钢是汉代的一种主要钢铁品种。所谓铸铁脱碳钢，是将生铁加热到一定温度，在固体状态下进行比较完全的氧化脱碳而成的。根据脱碳的程度，分别可得到高碳钢、中碳钢以至低碳钢。它与早期的铸铁柔化处理技术有相同的地方，但区别在于它基本不析出石墨或只析出很少的石墨。其特点是夹杂物较少。如果从其金相组织观察，很容易被当成铸钢件，但其析出的微细的石墨可以帮助我们发现它的"本来面目"。河北满城县西汉刘胜墓中出土各式铁镞300余件，经检验，其中至少有6件为铸铁脱碳钢制品。河南渑池窖藏铁器中就出现过铸铁固体脱碳钢件。

百炼钢工艺是在春秋战国时期以来的块炼铁渗碳钢技术基础上发展起来的一种制钢工艺。最先是人们发现块炼铁经反复加热锻打后可以变得更为坚硬，于是逐渐将它定为一种工序。这种工序与一般锻造具有不同的意义，它在为块炼铁渗碳的同时，使之变得组织致密，杂质减少，成分也更为均匀。河北满城汉墓出土的刘胜佩剑、错金书刀等，属于渗碳钢制品，但同时也可视为百炼钢工艺的雏形。炒铁技术发明以后，百炼工艺改由生铁炒制的炒铁为原料，替代了原来的块炼铁。这样，由于原材料发生了变化，百炼钢工艺也随之上升到一个新的水平。东汉以后，人们通过对炒铁制品"千锤百炼"，渗碳成钢，制作了一系列铁器。著名的山东苍山永初卅涷大刀，就是一柄百炼钢刀。该器为东汉安帝永初六年（112年）所铸兵器，因上铸有"永初"年号和"卅涷"等铭文而得名。1974年由山东苍山县文化馆在该县卞庄乡纸坊村清理出土。通长111.5厘米、刀身宽3厘米、背脊厚1厘米。环首呈椭圆形。内径2~3.5厘米。柄略扁。刀身窄长。刀身有错金火焰纹和隶书铭文。全器造型别致，花纹秀丽流畅，铭文工整秀丽。经鉴定，其金相组织均匀，系由晶粒很细的珠光体和少量的铁素体组成，含碳量在0.6%~0.7%之间。刃部经过淬火。1964年，日本也曾出土过一柄百炼钢刀，表明汉代的百炼钢技术产品也曾传入日本，该刀成为中日两国文化往来的历史见证。东汉末年，曹操令人造"百辟刀"五把，被称为"百炼利器"，可见当时百炼钢技术已经比较流行，而且百炼钢制品深受人们欢迎。

炒铁技术是通过在高温状态下均匀搅拌生铁，使之氧化脱碳而得到钢的生产技术。如果脱碳充分，还可以得到熟铁。河南巩义市铁生沟汉代冶铁遗址和南阳瓦房庄遗址中都发现过炒铁炉。南阳瓦房庄遗址中发现的炒铁炉是建在地面的，其容积约 175 立方厘米。巩义市汉代冶铁遗址中的炒铁炉结构比较简单，是就地挖掘一个"罐底"状的坑作炉膛，操作时先将燃料点燃，火旺之后，加入生铁碎块，堵塞炉门鼓风，待铁熔化后再加入一些铁矿石作为氧化剂，同时用铁棍或木棒均匀搅拌。随着生铁中的碳分被空气氧化掉，熔点升高，原来的生铁块便逐渐形成半熔状态的铁团。最后取出锻打成铁坯。铁坯中碳分的多少，与时间及脱碳程度相联系。炒出的钢或熟铁再反复锻打，就是前面所说的"百炼钢"。炒铁技术，开辟了利用生铁制钢制熟铁的崭新途径，是人类炼钢炼铁史上的一次革命性变革。在西方，炒钢技术直到 18 世纪才在英国出现，比中国炒铁技术的诞生时间晚了近 1600 年。

灌钢法始于东汉晚期，到南北朝时期趋于成熟。其原理是将生铁和熟铁按一定比例配合起来，"杂炼生柔"。《北齐书》中曾记载北朝时从事道教活动的綦母怀文炼制灌钢的事。綦母怀文"造宿铁刀，其法烧生铁精以重柔铤，数宿则成刚"。这种以生铁与熟铁合起来熔炼，从而增碳的技术，在唐宋以后得到广泛发展，工艺也不断改进，对于唐宋以后尤其是明清时期农具及手工工具的制造起了决定性作用。

钢铁品种的多样化，为铁器制造者选材用材开辟了广阔的前景，给铁器的生产应用带来了全新的局面。由于人们可以有选择地以不同的钢铁品种为原料制作应用目的不同或使用要求不同的铁器，例如，以具有较高强度的白口生铁铸造犁铧，以耐磨且抗震性能较好的灰口铁铸造车缸（音 gāng），因此，全社会各类铁器质量的总体水平有了显著提高，绝大多数铁器的性能得到了进一步的改善。

随着西汉王朝疆域的拓展和影响范围的日益扩大，云南、广东、广西、新疆、内蒙古等边远地区的铁器应用进一步得到了推广。其中大都是从中原一带学会了铁器制造技术尤其是铸铁生产和柔化处理技术后自行冶炼铁器。铁器的应用领域进一步得到开拓。用于缝纫的铁剪，照明的铁灯，盛水的铁桶，保存物品的防盗铁锁等，都是过去所不见的。考古发现的西汉后期至南北朝阶段的铁器，涵盖了社会生产及生活的广大领域（见图 4）。其中农具有犁铧、犁镜、镢、锸、锄、铲、耧铧、镰等；手工工具有斧、锛、刀、锯、锤、凿、钳、镊、钉、泥抹；兵器有剑、刀、矛、戈、匕、戟、甲胄、蒺藜、镞等；日用器有三足架、釜、锅、鼎、炉、灯、剪、锁、镜、带钩、桶、勺、熨斗、帐架等。此外，还有权、称钩、尺等度量衡类铁器及齿轮、轴承、鼓风管等零件。形制上，部分铁器继承

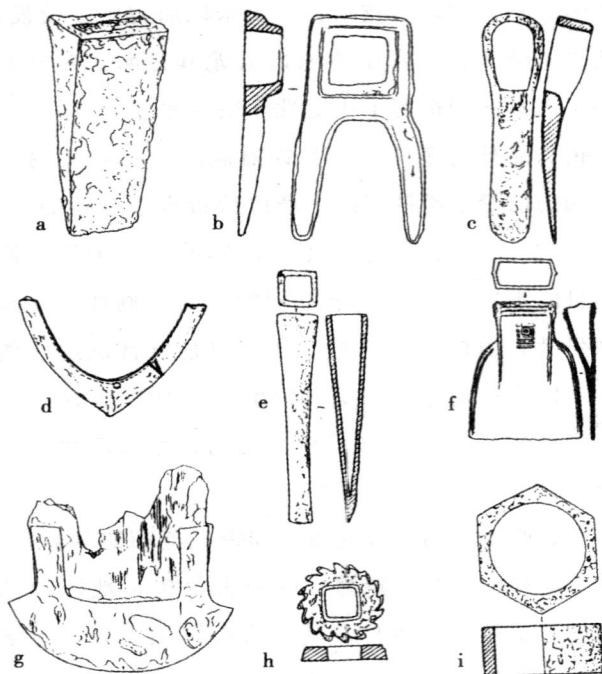

图 4　西汉后期至南北朝时期的铁器

a 直銎锸　b 二齿镢　c 横銎锸　d 犁铧　e 铁凿　f 铁铲
g 铁锸　h 齿轮　i 轴承

了传统式样。例如，锸，仍然是直銎锸、横銎锸、二
齿镢、三齿镢并行。但多数铁器，尤其是一些普及面
广，使用频度高的农具、兵器和手工工具，往往都具
有一器多样或形制变化较大的特点。铁犁铧就是如此，
西汉前期以前的铁犁铧一般都作"V"字形，三角形
的很少。西汉后期以来，除继续广泛使用"V"字形
犁铧外，适应不同土壤要求和耕作要求的三角形大铧、
舌形大铧、舌形小铧、包边板铧、燕尾式铧、亚腰式

铧等相继出现并广泛流行。一种有利于提高耕作效率的助耕附件——犁壁即所谓犁镜也应运而生。锯条原本是一种形制并不复杂的木工工具，发展到东汉时期，又出现了宽、窄不同的平锯、环形锯。在器物造型设计上，工匠们除考虑实用性要求外，还常常根据不同功用的器物的特点，运用艺术规律或美学规律进行构思、制造。洛阳铁十二枝灯就是一件设计巧妙、铸作精致，兼具实用和审美双重功能的独具匠心之作。铁器的错金、嵌金技术也得到了长足的发展，出现了许多错金、嵌金工艺的精品。如西汉时期的错金铁尺、错金铭文书刀、嵌金铁匕首等。

　　研究魏晋时期的冶铁业，不能不提到渑池窖藏铁器。1974 年，河南省博物馆在河南渑池县火车站站南一处曹魏或西晋时期的铁器窖藏中，发现大量铁器，共计 60 余类 4195 件（块）。包括砧、斧、锤、钎、鼓风管、轴承、齿轮等工具和车器、犁铧、犁壁、镢、锄、铲、锸等农具；釜、灯、案、炙炉、权、铺首、帐架等日用器。此外，还有铁镞等兵器及大量铁范和铁材。其中 400 余件铁器或铁范上铸有铭文。归纳起来，有"新安"、"津左"、"津右"、"绛邑"、"周左"等作坊名。渑池窖藏铁器是迄今中国一次出土数量最多，品类最丰富的一批铁器。其中除六角锄、板镢等属东汉时代外，余皆为三国或西晋时物。这批铁器种类齐全，形制复杂。其中轴承有六角形的，也有圆形的，犁铧有三角形的，也有"V"字形的。从铭文看，这批铁器可能出自 10 余个不同的作坊，反映了当时冶铁工场的分布和管理情况。金相分析表明，该批铁器包括了除合金铸铁外的今天所能生产的几乎全部生铁品种。其中有球墨可锻铸铁、铸铁脱碳钢和低硅灰口铁等，表现了魏晋铁器的丰富技术内容。

铁器使用的全面普及和铁器性能的根本改善，导致了社会生产力又一次深刻的变革。社会经济的发展由此获得了新的更强大的动力。从宏观上看，铁器除了在垦荒、整地、中耕、收获及普通木作等方面继续起着决定性作用外，还承担着小至裁剪缝补，大至修渠、造船等多方面的任务。甚至在佛教领域，也因为有了锐利的铁器，才得以开凿石窟，雕塑石像，带来佛教的一片繁荣。在当时世界上中国无论是在铁器的普及程度还是在钢铁的产量、品种、质量等方面，都遥遥领先于其他国家。

② 冶铜术的继续发展

西汉以来，由于铁器在社会生产和生活领域中完全取得了主导的地位，也由于青铜容器不再被人们作为具有某种特殊政治和宗教意味的礼器被供奉起来，铜器似乎已不再像商周时期那样引人注目。然而实际上，汉代至南北朝时期铜矿的开采和铜的冶炼，无论在规模、产量，还是在技术方面，都是大大超过从前的。

据有关文献记载，汉代"攻山取铜铁"的人数每年都在 10 万以上。

丹阳郡是西汉时的一个著名州郡，其下设有 17 个县，郡治在今安徽宣城。郡内又有丹阳县。《汉书·地理志》载，丹阳"有铜官"。近年考古工作者在今皖南的南陵、铜陵、泾县等地，均发现了汉代冶铜遗址。一些以丹阳铜料铸作的铜镜自铭道："汉有善铜出丹阳，炼冶银锡清而明。""杜氏作镜大母伤，新有嘉铜出丹阳。"对丹阳铜给予高度评价。

据皖南古铜矿遗址如南陵县桂山乡沙滩脚古铜矿采场遗址所提供的一些线索，西汉至南北朝时期，可能较多采用"火爆法"采矿。大体方法是：在矿体中选掘一地槽，在槽内铺上木炭或干柴，然后以土覆盖，留出烟道；再将木柴点燃，使矿体升温，到一定程度时，往矿体浇灌凉水，利用热胀冷缩的原理，使矿体碎松易采。"火爆法"采矿，是一种利用物理现象的高效采矿技术。

西汉时期的另一个重要产铜地区是四川西部一带。《汉书·地理志》载："邛都，南山出铜。"该矿至迟西汉初期已被开采。《史记》中曾提到，孝文帝时，深为皇帝宠信的四川南安人邓通得到了蜀中一处铜矿山的赏赐，于是邓通即在铜矿山开矿铸钱，后来至使邓氏钱广为流通于天下，邓通本人自然由此一跃成为巨富。据考证，邓通铸钱所在的铜山，即今雅安、荥经一带。邛都出铜及邓通在川西雅安、荥经一带的大规模采铜活动，表明今天我们称为"川康铜矿区"的北起雅安，南迄蒙自，南北长达 700 余公里的铜矿成矿带，在西汉时已成为著名的铜采冶场。

相对而言，东汉时期的冶铜业以西南为盛。据古籍记载，西南的广汉郡、蜀郡境内有 4 个著名的铜矿矿场，即俞元、贲古、朱提、邛都四大铜矿。该四处矿场均分布于今四川、云南境内：俞元在今云南澄江县境内，贲古在今云南建水县东南；朱提在今四川宜宾市西南，邛都即今四川西昌东南。当时的铜矿，主要是在西汉旧矿基础上发展的。山西运城洞沟东汉铜矿是东汉时一处重要的铜矿，据矿洞内的矿石分析，该处铜矿矿石是硫化铜矿。这一发现对于研究中国古代关于硫化铜矿的开采具有一定意义，并且证明著名的中条山铜矿区在东汉以前即以开采。丹阳郡的铜矿在东汉时继续得到开发，其中的徐州铜矿在丹阳郡诸铜矿中脱颖而出，驰名天下。徐州铜矿的具体地点，可能在今江苏徐州东北的铜山县境内。徐州与当时的都城洛阳交通便利，徐州采冶的铜料源源不断地从这里运往洛阳，供给洛阳铸钱制镜之用。所以一些汉代铜镜中，曾出现一些很有意思的铭文。如"铜出徐州，师出洛阳"，"铜以徐州为好，工以洛阳著名"等等。魏晋至南北朝时，徐州铜矿仍负盛名。1955 年辽阳三道壕清理的晋代壁画墓中，曾出土一面规矩镜背铭文说："吾作大镜真是好，同出余州清且明兮"。

魏晋时期北方少数民族的迁徙流动以及由此带来的众多割据政权与掠夺战争，给当时的冶铜业造成了某些消极影响。一部分铜矿被迫停采，甚至导致了流通货币的不足。南朝初期不少书籍中都提到铜矿被废一事，反映了当时部分铜矿停采，铸钱尚需销熔旧器的窘迫状况。不过，并非所有铜矿都遭废弃，受战争影响较小的地区，铜矿的开采并未中断。近年的考古发现表明，皖南地区的铜矿，在南北朝时期并未曾中断。

西汉后期至南北朝阶段的火法炼铜炉主要有竖炉和地炉两种形式。竖炉是传统的炼铜炉。但西汉后期炼铜竖炉发展到什么程度，它与当时的炼铁竖炉有多大的区别，还待进一步研究。以安徽铜陵、南陵为中心的皖南古铜矿遗址表明，东汉以后，该地或可能同时也采用地炉炼铜。位于铜陵市南郊大官山北侧的罗家村遗址中出土的巨型炼渣即被认为是地炉炼铜的产物。地炉的出现可能与燃料及鼓风设备的更新有关。

在一些辉铜矿或黄铜矿矿床中，常常会流出一种硫酸铜溶液。这种溶液是辉铜矿或黄铜矿与水接触，氧化生成的。因其味苦，古人形象地称之为胆水。胆水中的铜是可以置换出来的，最简便的方法就是用铁作为置换剂，使硫酸铜分解，生成硫酸铁并将铜沉淀出来。其化学反应式为：

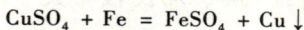

$$CuSO_4 + Fe = FeSO_4 + Cu \downarrow$$

西汉时期的一些历史文献记载说："曾青得铁则化为铜。"曾青又名石胆、白青、胆矾，也即从硫化铜矿中流出的含硫酸铜的泉水。这一记载表明，至迟汉代人们已注意到从铜矿泉水中可以提取金属铜，发现了水法炼铜的方法。

魏晋南北朝时，此法也曾用于铁器上镀铜。古代著名的炼丹家葛洪就曾注意到："以曾青涂铁，铁赤色如铜。"陶弘景也提到："鸡屎矾……惟堪镀作，以合熟铜；投苦酒中涂铁，皆作铜色；外虽铜色，内质不变。"葛、陶二人所记述的，都是以胆水涂于铁表面所发生的一种置换反应。铁器表面形成镀铜层，既美化了铁器，也在一定程度上防止了锈蚀。

中国以胆水法大规模冶铜，是北宋以后的事情。

胆水冶铜的遗迹，在考古发掘中不易发现。近年发现的皖南铜陵大型硫化铜矿遗址在宋代曾广泛采用胆水炼铜法炼铜，但至今未见其遗迹。要估计东汉至南北朝胆水冶铜的规模及操作程序目前有一定困难。

与青铜时代相比，两汉以后铜的用途有了较大变化。

随着冶铁技术不断提高，冶铁规模日益扩大，铜器不仅在战国中期就早早地从农具及手工工具家族中退了出来，至西汉后期，军事领域中的铜兵器也已经完全让位于铁兵器。但是，铜的消耗量并未因此减少。铸币和制作生活用器几乎使当时开采的铜供不应求。

汉武帝以前，"吴、邓氏钱布天下"。货币的铸造并未完全掌握在中央政府手中。铜钱的大小、轻重均不一致，武帝深感铜钱越铸越多，越来越滥，给政府财政带来了极大困难。为打击富商巨贾，整顿币政。武帝于元狩四年（公元前119年）实行盐铁官营政策之后，又于五年（公元前118年）将铸币权收归中央，废半两而行五铢。即流通领域中一律改用新铸的五铢钱。随着经济的稳定，商品交换的繁荣，钱币铸造量剧增。据有的学者推算，自武帝到平帝约一百余年中，铸造的五铢钱总数达 280 亿枚。其用铜之巨，可想而知。1955 年，考古工作者在西安汉城青门外发现一批西汉时的铸钱铜料，共有 10 大块，每块上面都錾凿有号码和重量，如"二十五"、"汝南富波宛里田戒卖"。这批铜锭，反映了西汉铜铸钱的盛况。

生活用铜器以铜镜最为常见。铜镜在战国以前并不十分流行，但西汉以后，铸镜业迅速发展起来，并且表现出高超的制作技术。

汉代铜镜的形制及纹饰不同时期呈现出不同的特点。汉初的铜镜质薄，弦钮流行云雷纹地或涡纹地的蟠虺（音 huǐ）纹。武帝至昭帝时，铜镜上的地纹消失，弦钮变成圆钮花纹多为星云纹和草叶纹。宣帝以后，铜镜铭文开始成为主要装饰，如日光镜、昭明镜，还流行四乳四螭镜。王莽时，反映阴阳五行、神仙迷信思想的铭文镜大量出现。东汉初期，从昭明镜演变而来的内向连弧云雷纹镜成为流行样式。东汉中期，夔凤纹镜、长宜子孙镜多见，也有一部分神兽镜。东汉晚期，长宜子孙镜、神兽镜继续流行，并有夔凤镜、四凤镜、三兽镜、"君宜高官"铭文镜、变行四叶纹镜等。三国两晋南北朝时期，铸镜业处于中衰阶段，但南方的神兽镜、画像镜，北方的连弧纹铜镜、夔凤镜、龙戏珠镜以及一些带有"位至三公"、"君宜高官"一类的吉祥铭文的铜镜，仍然呈现出独特的魅力。

铜镜形制、花纹的复杂多变，神兽造型的生动传神，一方面反映了铸镜业的繁荣；另一方面也呈现出高超的铸镜技术。据对一部分传世铜镜的研究，战国时，铜镜内已加入了一定的铅来降低熔点，增加浇铸时的流动性，以使镜面光滑。但其时铜与铅或锡的比例尚不十分稳定。西汉以后，含铅锡量则基本稳定在3.94%～6.8%左右。这样的铜镜质地致密，纹饰精细，镜面可以打磨得更加光滑。汉代还出现一种"透光镜"，即当阳光照在镜面时，镜背的图案或花纹能反射至壁幕上。这种透光镜是汉代铜镜艺术中的杰作，引起了中外学者的广泛研究兴趣。

常见的西汉后期至南北朝时期的铜器还有鼎、壶、盘、杯、厄、销、洗、奁、灯、带钩、博山炉、取暖炉等。许多铜器上施以鎏金、错金银工艺，精品迭见。如河北满城汉墓中出土的长信宫灯，以一人跪坐执灯为造型，以人体中空的右臂为烟道。构思奇巧、令人叹服。

铜是制作科学仪器的上好材料。如杰出科学家张衡曾以铜或铜的合金，制造了浑天仪、地动仪、铜漏等多种仪器。铜还常常被用作车辆的重要部件或饰件。

3 金银矿的开采与提炼

这一时期的黄金矿冶业，如果就产量而言，又可分为两个不同的阶段，即西汉至三国时期和两晋南北朝时期。前者属黄金生产上升阶段，后者则属下降阶段。但黄金的加工技术则一直是向前发展的。

西汉政府在开采金银矿问题上，态度曾一度摇摆不定。王公大臣之间常就黄金的开采权争论不休。

汉初，政府采取弛禁山林水泽的政策，允许民众自行采矿，但不久又收回成命。文帝后元六年（公元前158年）又令"弛山泽"，允许民间开采金银。14年后，景帝中元六年（公元前144年）又宣布私采金银者要处以极刑并曝尸于市，要求民众重事农桑而远金银。这道命令行施的年代很久，直到汉章帝时，才又允许民众自采金银。

汉代黄金政策的朝夕之异，恰恰反映了黄金生产受到了全社会的普遍重视。

汉代的黄金产量之巨，为历代所罕见。据文献记载，王莽末年，国库中的黄金，仅省中一处，就有70万市斤，合今天156吨。

汉代的黄金产地较以前大大增多，其范围遍布今长江流域和黄河流域广大地区。其中著名的有豫章、南山、陵阳、汝汉、永昌、丽水等地。当时开采的金矿仍以砂金为主，但岩金开采点有明显的增加。如新疆南部阿尔金山、山东金乡县、河南密县、陕西长安县和蓝田县金矿，均属岩金矿并予以开采。

黄金自秦代以来，便被尊为上币。汉代以后，黄金数量的持有仍然是政府或私人财力大小的最根本的象征。

汉初的黄金一般被铸成金饼，有圆形的，也有不规则的。到汉武帝时，黄金始被铸成马蹄形和麟趾形。太始二年（公元前95年），武帝正式下诏，改黄金形制为马蹄形和麟趾形。改形的目的，是为了表示吉利。

考古工作者已多次发现汉代饼金、马蹄金、麟趾金。1971年郑州市郊区古荥乡古城村中，挖出四枚圆形饼金，每块重约250克；1974～1975年，西安汉上林苑旧河床中发现西汉马蹄金2枚、麟趾金2枚；1975年北京怀柔县发现马蹄金1枚半。有人根据考古发现推测，汉代的饼金、麟趾金、马蹄金可能在市面上并行不悖，称量使用，并可剪切通行。汉代黄金计量法有多种：主要以市斤为单位，有时也沿袭秦制称镒，以十二两为一镒。

黄金的价格实则是变动的。因汉时私藏金量甚大，一遇天灾人祸、货物紧缺时，大家争相以黄金入市，金价即下跌。如王莽末年出现旱灾和蝗灾，农业歉收，谷物昂贵，一市斤黄金仅可换得粟一斛。而当货物充足之时，黄金价格迅速上昂。

因黄金在流通领域中的特殊价值和地位，黄金的用途遂总与其价值有关。

元狩四年（公元前119年），卫青、霍去病出击匈奴获胜，获赏赐十万金。

王莽聘史氏女为后，仅聘礼中就有黄金三万金。

黄金还可用来买官、赎罪。

在市场上，黄金实际被当成了不是货币的货币。因黄金可以按重量支付，甚至还可剪切流通，所以行商大贾或升迁谪贬的官吏离家远走时，身边总是携以黄金或白银。

汉代皇亲贵族的墓葬中，黄金还大量用来陪葬。据有关文献记载，帝王将相死后的陪葬黄金量是十分惊人的。据说当年曹操引兵在今河南永城砀山盗掘西汉梁孝王陵，曾掘得黄金数万。考古发掘也时常可于大型汉墓中发现随葬用的黄金制品。

自然，黄金的传统用途并未失却，考古发现的汉代黄金饰物，以及错金、鎏金的其他质料文物甚多，如金缕玉衣、金镂面罩、步摇冠、错金嵌玉铜杖首等。

汉代黄金还用来制作成瑞器。1982 年，南京博物院的考古工作者在江苏的一处古代金银器窖藏中发现一枚金兽。该兽长 16 厘米、宽 17.8 厘米、通高 10.2 厘米，重 9000 克，含金量为 99%。金兽蜷曲匍匐，瞪目俯耳，右前爪和左前爪前伸于颌下，长尾从裆下穿过小腹，斜置于左背。颈部铸项圈三道，头、颈间有一环钮。除项圈和眼部外，遍身錾凿成斑点。体内空。内壁刻有小篆"黄六"二字。整个器物造型浑厚生动，与汉代石刻艺术作品的风格相似。金兽的环钮是仿照权器制造，但这件器物不是实用之物，可能为国库的镇库瑞器。

东汉末年，黄金储量开始减少，至三国以后，黄金的生产渐露衰象。如蜀国的金银矿业，用诸葛亮的话说，当时蜀中的金矿，开采量远不足以敷用。

两晋南北朝时期，社会动荡加剧，长期分裂，战乱频繁。矿冶业颇不景气。这时黄金的产地大致与汉魏时相同，主要是梁州（今陕西、四川邻境）、益州（今四川腹地）、宁州（今云南曲靖）3 处，其他地点也有黄金矿业，但只是小规模开采，有的更是时采时停。

十六国时期，前秦与大夏两国曾致力于黄金矿业的发展。前秦苻坚曾下令开山泽之利，行"公私共之"的政策，鼓励官民共同开发黄金等矿产。大夏赫连勃勃在位时，曾设将作大匠专事黄金制造。

但前秦的厉行开采，并未改变两晋南北朝时黄金产量低微，各国政府黄金储量下降的现状。南北朝以前，社会用金无不以市斤论金，动辄百斤、千斤甚至上万。到了两晋南北朝时，官家用金的记载明显减少，即使有，也以两作为计量单位。各国赏赐臣下时，已失去昔日一掷千金的威风，而经常改以铜钱、布帛、绢、米等物。如西魏以布绢万匹悬赏斩获高昂人头者。甚至帝王的婚嫁喜事，也无黄金可用。东晋康帝迎娶诸皇后，在纳采、问名、纳吉、清朝、新迎等过程中，也只用白雁、白羊、酒米、马、绢300匹、钱300万等物，不用黄金。这其中可能有帝王行事节俭的一面，但黄金储备不足显然是最根本的原因。因为黄金储量大减，财政困难，帝王不得不多方节省开支。

不过，一些大臣及商贾手中还是有相当的黄金储备的。这些黄金绝大部分来自汉魏时期的积累。他们通过各种手段聚敛到自己手中。南北朝时，江南水患迭出，百姓流亡饥饿。一些家藏金玉的富有者，只好穿上绫罗绮缎，怀揣金玉，枕以待命。又梁武帝时，有人告发临川王萧宏谋反，检查萧宏住宅时，发现库房达百间，其中30间装满了金银。

不休的战乱，使两晋南北朝人心思定。能够在一定程度上给人们带来解脱苦闷和精神安慰的佛教迅速发展起来。佛教的盛行，在很大程度上影响着黄金的用途。

因为要修寺庙、凿窟龛、铸佛像、写经书，黄金用量以从来未有过的速度和规模转向佛事。寺庙、僧侣的黄金消耗量大得惊人。《齐书·萧颖传》载：长沙寺僧以黄金铸成龙，重数千两，埋藏地下，历代相传，称为下方黄铁。又据记载，南朝天宫寺造有一座释迦牟尼立像，高43市尺，用赤金600万市斤，黄金600市斤。大修佛像的风气并不止此。魏孝明帝在河南洛阳永宁寺造丈八金像一躯，普通金像10躯，九级塔1所，高100丈，上系黄金铎120枚，黄金铃5400枚。一些人写经书时甚至还要用金粉。

西汉至南北朝时期，黄金的提纯技术和铸造工艺十分引人注目。汉武帝所钟爱的麟趾金和马蹄金有许多的面和棱，铸造一枚完好的麟趾金或马蹄金必须有上好的铸型和适当的熔金温度。据测试，已发现的西汉麟趾金和马蹄金的纯度大都在95％以上，高者达到97％甚至99.3％，当时的提纯水平可想而知。体现黄金鎏金技术的代表之作在汉代文物中几乎随处可见。

银也是一种贵金属。但在西汉时，银的价值未被充分体现出来。从文献记载情况看，汉代的金银比价一度只有1:7或1:10左右。

西汉见于记载的银产地不多。最著名的银矿莫过于前面提到的朱提。《汉书·地理志》："犍为郡朱提山出银。"汉代犍为郡的辖境大致位于康滇地区边缘。据现代地质资料，这一地区铅锌矿床分布很广。矿体一般呈脉状，金属矿物成分以方铅矿、闪锌矿为主。有些矿区中铅矿特富，个别矿区产辉银矿。估计《汉书·地理志》所指的，就是其中的含辉银矿很富的银铅矿床。除朱提之外，《汉书·地理志》还提到越巂郡"西羊山出银、铅"。西羊山即今个旧，清代也曾在此炼银。但西汉西羊山银矿品位似不及朱提。东汉以后，见于文献的银产地除犍为朱提，越巂西羊山外，又有云南的双柏。西晋至南北朝时期似有新的银矿矿场得以开发。延昌三年（514年）春，有人奏称恒州（今山西大同）白登山有银矿，世宗即诏准置银官开采，数年之后，即肃宗神龟元年（518年），政府又令开银山之禁，恒州银矿随之改为官民共有。清代汪士铎的《南北史补志·食货·矿冶》补充了魏晋南北朝时的另几处银矿，其中有始兴（今广东始兴县西北）、阳山（今广东阳山县南）、桂阳（今广东连县）、阳安（今四川简阳）。可见岭南一带有多处银矿。当时的采银技术，我们可从清郝懿行《补宋书·食货志》中得知一二。该书中记载说，当时任始兴太守的徐豁曾向朝廷官员表陈说，始兴的采银民户约有300余户，为了采银，从不顾及塌方危险，而是到处开凿深坑掏取银砂，有的深达二三丈，每年都有死伤，官府为此曾予查禁，但银户竟致抗拒。可见当时的银矿场，是以沿矿脉凿坑的方式开采的，但设备简易，伤亡严重。

西汉以来的炼银之法，目前尚难详论。日本学者近重澄真在其《东洋炼金术》一书中，提到从中国古代的炼丹著作《抱朴子》中可以知道，中国的南北朝时期存在着以"吹灰法"炼银的事。他的看法虽不能说有多么充分的依据，但从隋唐以后的炼银术推断，南北朝阶段能掌握"吹灰法"炼银并不奇怪。以朱提银矿为代表的矿床，大都属以硫化银为主的辉银矿。矿石熔化后加入铅，可以还原出生银。但由于银在矿石中很分散，而且辉银矿又常与方铅矿共生，因此第一步常常只能得到铅银的合金。进一步将银、铅合金煅烧，氧化，铅先行氧化成氧化铅，银才最后分离出来。这种炼银方法在《天工开物》中被称为"沉铅结银"法。我们以为，沉铅结银法可能也是西汉至南北朝时期炼银的基本方法。

银的用途，与黄金的用途基本相同。它可作为一种"不是货币的货币"进入西汉至南北朝时期的流通领域，也用于装饰和直接铸制银器，如制成银盆、银药盒。1991年，考古工作者在河北获鹿县高庄村西汉墓中发掘出一件西汉时期的银盆。盆的口径26.6厘米，折沿，沿部较宽，直壁，折腹，平底。盆通体朴素无华，色白如新，腹上刻"五官"二字。此盆属于汉代的大型银器，造型以直线条为主，转折处十分突出，虽无纹样装饰，但器体圆滑平整，光亮照人，制作精细。通过器物上的"五官"二字，可知是西汉王室的用具。汉代的一件银药盒出土于西汉中山王刘胜墓中，高3.5厘米，口径6.4厘米，重186克。器体似圆桃形，由盖与器身组成。盖面上有三周同心圆形成的阶梯状棱线。盒身有较长的流，用于液体的注流。盒盖与盒身有子母口相合，一端以机环连接。

银的装饰方法，常见的有错金银工艺、镶嵌金银工艺。如满城汉墓中出土的鸟篆纹壶就是一件错金银文物。

直接铸制的银制品大多是饰品。如 1953 年江苏宜兴西晋周处墓中出土的一批银带饰。

关于周处墓中的银带饰，还有一个有趣的故事。

周处是西晋名将，死于元康七年（297 年）。该墓早年曾被盗掘。1953 年考古工作者发掘该墓时，从墓中的填土下面清理出一批金属带饰。其中一些"带饰"碎片是"从淤土中尽可能拣出来的"。发掘结束后，发掘者将"尽可能拣出来的""带饰"碎片送往有关单位鉴定，结果证明这些碎片是含铝 85% 的铝合金。因而发掘者推测，周处墓中的这批带饰全部是铝或铝合金。在随后的发掘报告中，发掘者公布了这一发现。于是，西晋已能冶炼铝的消息不胫而走，国内外学术界闻悉为之震惊。因为铝是不易提炼的。西方 19 世纪才发明炼铝法。所以，外国学术界对这一发现极为重视。有一位叫德尼克（Erichvon Daniken）的瑞士人甚至将中国 3 世纪的西晋墓中有铝带饰出土的消息，当作太空人古代来过地球的证据，认为周处墓中的铝带饰，是太空人带给地球的。而当西晋有铝的消息四处传扬的时候，也有一些审慎的学者持怀疑态度。著名的考古学家夏鼐就是其中一位。夏鼐为了澄清自己的疑问，写信请发掘者寄一带饰碎片给北京的中国社会科学院考古研究所，并将带饰碎片交请中国科学院应用物理所进行光谱分析。但这一次的鉴定结论仍旧是铝。就在西晋有铝几乎要成定论的时候，1962 年东北的一位学者提供了对这批金属带饰碎片的另一片的鉴定报告，证明是银而非铝。为了继续搞清楚西晋能否提炼铝的问题，1972 年，夏鼐再次请人对周处墓中的带饰重加鉴定。结果证明，该墓所出的全部 16 件完整的金属带饰都是银制的，只有小块碎片中有银的，也有铝的。后查发掘记录，证实那些被鉴定为铝的碎块，应是近代古墓打开后混进去的。

一个中国冶金史上的重要问题，终于在夏鼐等同志的不懈努力下得以澄清。周处墓中的银带饰恢复了本来面目。

🌥 4　铅锡的冶炼和汞的冶炼

与西汉后期冶铜业一道发展起来的还有锡矿和铅矿的开采和提炼技术。

《续汉书·郡国志》记载锡和铅的产地有三处，其中两处在今云南镜内。如"律高（今云南陆良县东）石室山，出锡"。贲古（今云南建水县东南）"采山，出锡"。另一处在汉中。南北朝的铅矿有恒州白登山（今山西大同）等地。

数十年来，考古工作者发掘出的西汉后期至南北朝阶段的文物难以数计，但以锡、铅为原料者极少出土。

锡、铅文物发现较少，可能与该类质料的器物不易保存有关，如锡随温度变化会发生晶形转变，当温度低于 13.2℃ 时，锡会发生所谓"锡疫"，变成一种灰色粉状物。当然，铅锡的主要用途，应该是为了配制青铜，以满足铸钱、铸镜等大宗青铜金属物生产的需要。

汞矿即朱砂。朱砂的开采，在西汉以后可能沿袭过去的老矿场，如秦以前的涪陵朱砂矿。东汉时，今贵州桐梓县南一带发现有朱砂矿。南北朝时，今湖南常德一带的朱砂矿颇负盛名。

朱砂在当时并不仅仅用来提炼水银，还常常用作颜料，有时还入药。如果提炼水银，则多用于鎏金。

五　隋唐宋元时期的矿冶业

　　开皇九年（589 年），隋文帝挥军灭陈，结束了两晋南北朝三百余年的战乱和分裂局面，统一了全国。

　　隋王朝只维持了短短两代，即被唐高祖李渊起兵推翻。唐代是中国历史上最强大的时期之一。经济繁荣、文化发达。大唐风范，为当时世界各国仰慕和仿效。唐末藩镇割据，各地节度使拥兵自重，从而导致了大唐帝国的终结，并形成了 50 余年的分裂局面。北宋王朝结束了中国历史上的分裂状况，但终究未能抵御蒙古民族疾风般的铁骑。强大的元王朝，虽然延续时间不足一个世纪，但它同样继承和发展了灿烂的东方文化，并曾令亚欧大陆的许多强悍民族向其称臣。洪武元年（1368 年），朱元璋利用农民起义的机会，推翻了元朝，将中国历史的车轮推向了一个新的时期。

　　在隋唐宋元时期八百余年的时间中，除了五代十国的短期分裂及南宋同金的短期对峙之外，社会在多数时候是和平、稳定的。与社会经济、文化诸方面的发展相适应，这一历史阶段，政府对科学技术的发明和创造比较重视，科技上有成果者常常可以得到政府的奖掖和赏赐。唐宋时代的科举取仕制，培养了大量知识型人才。全社会重知识，重创造，科学技术活动特别活跃。唐代天文学家和佛学家张遂（僧一行）对天文学的贡献，宋代航海用指南针的发明、火药的发明、活字印刷术的发明，元代各种火器的发明，给社会的进步提供了科学与技术的动力。

隋唐宋元时期的矿冶业，无论是深度还是广度，无论是在规模上还是技术上，都是中国历史上的全盛时期。这主要表现在：越来越多的铁矿及有色金属矿床被人们发现并开发；铁的产量自隋唐以后稳步增长；轻巧实用而又便于修理的锻造农具的生产明显上升；铜的生产规模扩大，胆铜生产技术进一步推广，黄铜、白铜被大量生产出来；黄金、白银的开采空前繁荣，金银器皿流行于世。

冶铁业

隋代统治者围绕冶铜和冶铁为中心，确立了当时的一系列矿冶政策。当时在全国设置的冶官共有四处。冶铁的管理与冶铜的管理同由所设冶官负责。

唐初对于民间冶铁，采取的是引导的办法。无论什么地方，只要发现铁矿，即可任民开采，政府通过收取矿冶税的办法来对铁矿加以控制和管理。到唐代晚期，唐政府又将冶铁的税收划归地方，冶铁业遂在各州县地方政府的庇护下得到发展。

宋初大开矿山之禁，民间不仅可以自由进山冶铁，甚至还有免税之利。

宋代的铁矿业，分为官营、民营和半官营三种。官营铁矿最初以服劳役的方式组织庶民冶铁。由于不堪忍受无条件的劳役，服劳役者逐渐萌发出对抗情绪，并且不断增强，因而后来政府又改用招募的方式来征集冶铁工人。

宋代对于民间冶铁所征收的税率并不高。王安石变法期间，政府规定的税率为20%，即所谓"二八抽分"。

为进一步管理民营工场铜、铁等金属的生产，北宋政府建立了一套完整的管理体制。自上而下为监、务、场、坑、冶。监是主监官驻地。务是矿冶税务所或矿产收购站。场即采矿场。坑即矿坑，一般每个场都有相距不远的若干矿坑。冶是金属冶炼的所在地。冶铁所需矿石，由场提供。但如果只是靠收购分散采掘的矿石来冶铁，就只有冶而不设场。

元代铁矿业的管理与铜矿业的管理一样，专设有铜冶总管府课理。经营方式与宋代相近。鼓励民间冶铁，政府按比例抽税。

据记载，唐代至北宋有铁矿的地区，全国共有100余处。分布于今四川、甘肃、陕西、广东、广西、湖南、湖北、河南、福建、江西、江苏、浙江、安徽、山东、山西、河北等省区。其中以今四川、山西两省为最多。

南宋偏安一隅，国土狭窄，铁矿开采地点也主要限于江南，其中矿场较多的地区在今江西、湖南、广东等省境内。如江西饶州铁矿，有相当的规模。

唐元和元年（806 年），全国年产铁量为 207 万市斤。但四五十年后的大中年间（847～859 年），铁产量减为 52.3 万市斤，有可能是"限产"造成的。

北宋的铁产量，皇祐年间（1049～1054 年）为 724.1 万市斤，治平年间（1064～1067 年）为 824.1 万市斤，元丰元年（1078 年）为 550.1097 万市斤。

南宋因原北方的邢州、磁州等大铁矿已划归金的版图，减产很快，绍兴二十二年（1152 年）减为 216.2144 万市斤，而到乾道二年（1166 年），只剩下 88 万市斤了。

元代铁的年产量不但不比北宋时少，甚至还高于北宋最高时的年产量。元世祖中统四年（1263 年），元朝廷铁的岁课为 584.4 万市斤，十余年之后，元世祖至元十三年（1276 年），朝廷课铁高达 1600 万市斤。元朝末年文宗天历元年（1328 年）铁产量也有 88 万市斤。

通过对一批唐宋时期冶铁遗址的考古调查和试掘，我们可以对当时的冶铁技术有所了解。唐宋时期的炼炉一般是因地制宜建造的。例如，河南安阳水冶镇冶铁遗址中的冶铁炉，是就断崖而建的地炉。炉口开在断崖上，加工、配料、装炉都在断崖上进行。这样省去了提升的工序，当然也不需要提升设备。在平原地区，炼炉一般是高炉。建高炉的材料或为耐火砖，或为从自然界中挑选的砂质鹅卵石。炼炉的结构，因部位不同区别对待。炉体上部砌筑粗糙，但炉缸部位砌筑精细。河南安阳曾发现一座残存的宋代炼铁竖炉，高约 4 米，直径 2.5 米，其容积是比较大的。这一炼炉同样利用了沟坡地形。河南南召县下村唐宋时期的冶铁遗址中，也出土了一座保存较好的炼炉遗迹，其炉腔上部筑成 78°～80°的内倾炉身角。考古工作者还在河北、安徽等地发掘过唐宋时期的冶铁遗址。如河北邢台市綦阳村唐宋时期的冶铁遗址中，出土炼炉 18 座。附近残存的铁块重者达数吨，可见这些炼炉原来的容积也都很大。

唐宋时期的铁产量的提高，相当程度上是通过群炉来实现的。河南南召下村遗址一群为 7 个炉，林县铁炉沟遗址一群为 9 个炉，申村遗址一群为 21 个炉。

至迟北宋时期，人们发明了木制风扇并用于冶铁。木制风扇以木箱的盖板的开合来挤压空气，达到将空气通过鼓风嘴压入炼炉内的目的。木制风扇鼓风原理虽很简单，但与传统的皮囊或排囊风箱相比，不受皮革大小的限制，坚实耐用，而且风量风压有所提高，对提高炼炉炉温，有明显的效果。元代，人们还将风扇与水排连接起来，靠水的动力拉动杠杆开闭风箱，效率更高。元代王祯《农书》中，绘有木制风箱的水排推动图。敦煌榆林窟西夏壁画中，也有木风扇鼓风的图案，说明宋元时期木风扇的应用已很广泛。

元代至顺元年（1330 年），中国首次出现了有关冶铁炉的详尽文字记载。这就是陈椿的《熬波图》。陈椿描述的是化铁炉，记述的是熔铁铸造铁盘的过程，并绘有线图，对当时化铁炉的炉型结构、耐火材料及冶炼过程作了细致交代。其大意是：铸造铁盘要依盘的大小配料用工。原料以破旧铁锅为佳。首先要建造化铁炉，化铁炉必须用瓶砂、白墡（音 shàn）、炭屑、小麦穗和泥，筑造结实。因铁盘太重，不便称量，故只称量入炉铁料的多少，每入 1 市斤铁，即加入 1 市斤炭。统计出入炉铁量的总数。鼓风熔铁，待铁熔尽的时候，用柳木棒在炉身腹部扎出一小穴，并以和好的泥做好出铁水的小泥槽，然后将铁汁放流出来，引至盘模内。如铁液已足，只需用小麦穗和泥一团，用木棒挑上，堵塞炉身腹部的小穴即可。铸盘一块，大约用生铁一二万市斤，而所费工时并不多。

改进耐火材料，是正常提高炉温，延长炼炉使用寿命的重要条件。耐火材料不仅要耐高温，而且还须抗铁水冲蚀、热流侵击。陈椿《熬波图》所提供的耐火材料组成已经具有较好的耐火性能。在一些唐宋时期的冶铁遗址中，常见以细黏土和粗沙粒组合的耐火材料。

用煤炭作燃料在中国有悠久的历史，可能在汉魏时期即已开始使用。《水经注》中即有关于用石炭冶铁的记载。唐宋以后以煤替代木炭作燃料日益普遍。宋代著名文学家苏轼曾作《石炭》诗一首，生动地描绘了宋代冶炼铁器的场景，其中写道：

> 根苗一发浩无际，万人鼓舞千人看。
> 投泥泼水愈光明，烁玉流金是精悍。
> 南山栗林渐可息，北山顽矿何劳锻。
> 为君铸作百链刀，要斩长鲸为万段！

苏轼《石炭》诗中"南山栗林渐可息，北山顽矿何劳锻"两句，暗示当时冶铁所用燃料已非木炭。徐州是宋代重要冶铁基地之一，过去一直以木炭炼铁，后来发现了煤矿，即改以煤冶炼。据冶金工作者对安阳后唐坡遗址出土的铁锭化验分析，铁锭中含有碳、硅、锰、磷、硫等微量元素，其中硫含量约为1.075%，另经化验的一部分唐宋铁器，也都含硫，有的还含硫较高。这些都可作为唐宋时期已用煤作燃料冶铁的证据。

对一部分唐宋时期冶铁遗址中出土的炉渣的分析表明，当时的铁渣碱度很低，主要为酸性渣。这种渣凝固后断口呈玻璃状，熔点较低，流动性好，有利于冶炼时的排渣。炼渣的成分一般含铁量极低，反映出当时已掌握了较高的造渣技术。值得注意的是，河南某些唐宋炼炉遗址中所出炉渣中含有较高的氧化镁（约10%），与现代高炉渣中的氧化镁含量接近。因此有学者认为，唐宋时期可能有意识地在炉渣中加入了适量的白云石，以保证炼炉的顺利运行。

唐宋时期继承了汉魏南北朝时期的各种炼钢技术。其中发展最快的是灌钢炼钢法和炒铁技术。沈括在《梦溪笔谈》中记载了当时的灌钢炼制方法：先将熟铁曲盘好，将生铁填入其中，外面用泥封包，再将其置于炉中加热，并适时加以锻打，最终得到的钢称为团钢，也称灌钢。以现代知识看，这种炼钢法的原理是：当包好的生熟铁入炉加热时，因生铁含碳高熔点低，先予熔化，铁汁流入熟铁中间再锤锻，使碳分均匀。

生熟铁相夹杂用泥封包，是为了防止氧化脱碳。

南北朝以前，中国的铁质农具和手工工具以铸造的居多。唐宋以后，铸造技术进一步提高。河北沧州铁狮子的铸造，反映了当时的铸造技术成就。这尊铸于五代时的铁狮子，通高 5.3 米、长 6.8 米、宽约 3 米，重达 10 万市斤，至今仍矗立于河北沧州，沐风浴雨、饱经沧桑。

铸造的铁器具有成形较快、硬度较高等优点，经柔化处理后，也能增加一定的韧性。但是，铸铁铁器仍然有不理想的一面，主要表现在器件易出现砂眼、不便加工修理、韧性欠佳等。隋唐时期，冶铸匠师通过总结实践经验，在较短时间之内，完成了铁质生产工具由铸改锻的一次重大变革。金相鉴定表明，尽管隋唐以后韧性铸铁工具和农具还在使用，但锻制的农具和手工工具已经得到全面推广，并在铁器中取得主导地位。锻制工具具有成形快、韧性佳、锋刃易于加工、磨损后便于修理等优点，因而对社会经济的发展起到了新的促进作用。

唐宋时冷锻技术发展较快。冷锻因避免了热锻时铁的表面遭氧化，因而更加光滑莹彻。冷锻还能增加铁的硬度，故而以冷锻法制造的铁甲，质量极为优良。宋代的所谓"瘊子甲"就是冷锻工艺的杰作。

隋唐宋元时期，铁器的应用已进入了社会生产和生活的方方面面。从常规的农业生产、手工业生产及军事、日用领域到密切关系国计民生的大型土木工程，都离不开铁器。考古发现的唐宋铁器，数量多，种类全。包括犁铧、镢、锹、锄、铲、镰、耘锄、锸等农具，刀、斧、叉、楔、钩、凿、钻、锤、锉、锯、钳、改锥、墨斗、送钉器、泥抹等工具，剑、刀、斧、锤、矛、钩、戟、镞、甲胄、蒺藜、火铳、火炮等兵器，釜、锅、鼎、炉、灯、锁、剪、镜、熨斗、药煮、铡刀等日用器，锚、马蹬、马衔等车船具和马具，手铐、脚镣等刑具，以及铁幢、铁塔、铁佛像等宗教文物。北宋、南宋时期，还曾大量铸造铁钱。各类铁器的器形十分复杂，与南北朝以前相比，呈现出四种变化趋势：一是巨型铁器大量涌现。例如，1989～1990年山西永济县出土的蒲津渡铁牛铁人，其中四尊铁牛每一尊的重量均在55吨以上，最重者达75吨。二是小件铁器增多。由冷拔磨砺制造的钢针代表了小件铁器的工艺制造水平。三是工艺复杂的铁器增多。小至居家防盗的铁锁，大至沧州莲花座铁狮子，均是制作难度大、技术要求高的铁器。四是同一类器物的形制进一步多样化。例如，铁犁铧，因各地土质、气候以及耕作要求的不同，种类更为繁多，各具特色。人们利用铁器开凿了隋初大运河，又以总重量达数百吨的铸铁在蒲津渡（今山西永济县蒲津渡）架设了黄河铁索桥。此外，铁器还以其特有的物理属性直接进入了人们的精神生活。唐、北宋甚至元代的墓葬中，常常以铁猪、铁牛随葬。据说随葬铁猪铁牛可以为墓主人带来平安。这反映了人们希望利用沉重、坚实的铸铁动物来保护亡灵，使墓主人免遭外扰的一种宗教心态。这一习俗在民间流行数百年，人们恪守不疲。北宋、金、元时期，一些著名佛寺铸造镇寺铁塔、铁人或铸铁动物，也是借助其沉稳、肃穆或刚猛来取其他物质难以达到的视觉和心理效果。例如，河北沧州市原开元寺五代铁狮子、山西太原市晋祠北宋镇水金人、湖北当阳县玉泉寺北宋铁塔、山东兖州镇河神剑等。

唐宋时期，中原地区先进的冶铁技术不断传播给周边地区的其他民族，促进了这些民族的进一步封建化。

1982年，内蒙古敖汉旗文物管理所在该旗的一个叫沙子沟的地方，清理了一座辽墓，墓中出土一批辽代早期铁器，总数达103件之多，包括生产工具、生活用具、马具、兵器等几大类。其中生产工具有斧、铲、钳；生活用具类有釜、灯、盘、勺、帐钩等；兵器有剑、矛、叉、镞；马具有马衔、马镫、鸣镝。辽是契丹族建立的政权，沙子沟所在地区正是契丹人的重要聚居地。马镫、马衔等马具，体现了契丹人精悍善骑的民族特点。铁灯作圆锥体盏、细长柄并带三足，属传统契丹风格。铁盘作七八花边状，显系仿北宋荷叶瓷盘造型，应是契丹族人学习汉族文化的结果。

1982年，内蒙古伊克昭盟文物工作站在准格尔旗准格尔召乡发现一处西夏铁器窖藏。窖藏内出土铁器54件，包括锅、釜、火盘、火撑、铛、杵、熨斗、勺、剪、锁、箕等生活用具，犁铧、犁镜、镢、锄、铲、刀等农具，以及马镫、马衔等马具，此外还有一副手铐。西夏是党项族建立的民族政权。准格尔召乡窖藏铁器种类多、数量大，是西夏考古的重要发现之一。

史载，西夏东境有主管铁器生产的官办冶铁务，这批铁器可能就是在西夏统治者的控制之下生产的，带有西夏民族的自身特色。如铁铛等在中原地区很少见。但这批铁器中许多铁器在形制上吸收了中原铁器的特点。如三角形锄叶的全铁弯锄就是唐代及北宋时期汉族地区的常见农具，在江苏扬州、河北易县、山东茌平等地的唐代和北宋遗址中均有发现。铁犁铧在仿制中原犁铧形制的基础上又有所改进：铧面加宽、中脊加高，以适应当地耕作的要求。这批铁器是研究西夏历史和西夏文化的重要材料。

冶铜业

隋初，政府置有冶官，掌管全国铜铁矿的开采及铜铁器物的铸造。当时的冶官共设有四处，即河南郡新安（位于今河南渑池县东）、延发郡金明（今陕西安塞县北）、隆山郡的隆山（今四川彭山县）、蜀郡的绵竹（今四川德阳市北）。

隋代矿政的特点是全力发展铜矿。这一政策是与经济形势相联系的。当时五铢钱已通行七百多年，许多钱质量轻重不等，大小差异也很大，急需更铸新币，以利商业流通。因此隋朝廷大力发展冶铜，以增加铸币原料。其具体政策是将铜矿开采权全数收归国有，百姓以徭役的方式为矿场服役。

唐朝政府对铜矿的开采也一直十分重视。但在是否允许民间自由开矿问题上，政策有所反复。

北宋的矿业政策一直以开放为主。宋初，政府即表示朝廷不与商人及矿业主争利，允许民间自由开采矿山，并减免税收，加以鼓励。宋代的铜矿开放政策，一直持续了 37 年，至宋仁宗赵祯以后，方始收归官营。王安石任参知政事后，复又放宽了铜禁，民间得以自由铸造铜器。王安石还采用"二八抽分"的税率，更多地听任民间矿冶业的发展。开矿的百姓除缴纳 20% 的矿税外，余利 80% 归己，生产积极性大大提高。冶铜业很快发展起来，至元丰元年（1078 年），宋朝廷的铜收入量达到 1400 多万市斤，比王安石变法前的治平年间（1064～1067 年）增加了一倍。

南宋早期，矿冶业尚呈现出一派繁荣局面。如设在皖南铜矿区的梅根监，负责皖南铜矿生产。但到后期，因国力衰落，以致"坑源废绝、矿条湮闭"，铜矿的管理无人问津。

元代在矿业管理上，吸收了两宋的经验。设立诸路铜冶总管府，制定条律，保护官办矿场、征取税收。

隋唐时期在开发新铜矿过程中，显然积累了一些有益的经验。《酉阳杂俎》载"山上有姜，其下有铜金"。此处，姜大约指一种野生植物，很可能就是今天我们所说的铜草。以今天的科学眼光看，一些喜铜植物确是可以用来当作寻找铜矿的重要标志。所谓"山上有姜，其下有铜金"，实为继"上有慈石者，下有铜金"之后，人们在实践中摸索出的另一种找矿方法。

隋唐至宋元时期的矿场分布，历代各不相同。原因是有的铜矿在开采中废绝，有的则因为是新发现的富矿而得到开发。

唐代铜矿矿场甚多。据《隋书》、《旧唐书》、《新唐书》三书的"地理志"统计，全国有铜的地点共计62处。其一部分已为考古发掘所证实。如安徽的当涂、南陵、秋浦（贵池）铜矿，其遗迹至今仍可见于矿区。考古工作者还在此采集了部分唐宋文物。

唐代的坑冶，确实不时有因矿脉采尽或其他原因而弃闭、停采的。如宣宗时（847～859年）即"废铜冶二十七"。

北宋时，铜矿坑冶或关闭，或新设，前期后期数量不一。其中较显著的变化是，部分唐代尚存盛名的矿场，至宋已停采或绝采。如山西绛州铜矿，在宋代即已失载。

《宋史·食货志》记载了治平年间全国各州铜矿坑冶总数为64处。其中设有"务"、"场"的地点有今江西境内的鄱阳、上饶、南安，福建境内的长汀、漳州、尤溪，广东境内的英德等处。元丰年间，全国铜矿场又有增加。

南宋铜矿业总体呈下滑颓废态势。李心传在《建炎以来朝野杂记》中就毫不忌讳地说："渡江后，其数日减。"因其领土狭窄于北宋，南宋的矿场只限于今南方诸省。据《宋会要辑稿·食货》，南宋绍兴至乾道年间，全国铜矿主要在今安徽的铜陵，浙江的永康，江西上饶、弋阳，福建的长汀、尤溪、南平、浦城、崇安、光泽，湖北的大冶等地。

元代矿冶业因致力于铁、金、银的发展，其铜、锡、铅三种金属的开采和提炼落后于两宋时期。最明显的例子是原两宋时江南地区不少生产黄铜和胆铜的矿场，至元代几乎全部失载。这可能与这些铜矿区内富矿衰竭有关，同时也是元政府不甚重视铜业生产的反映。载于《元史》的元代铜矿场甚少，只有今辽宁境内的锦州、兴城，山东境内的青都、临朐，云南境内的大理、澄江等地的铜矿场。其中澄江铜矿场为新开辟的矿区，它是明清两代大规模开发云南铜矿的先声。

隋唐至宋元时期的铜年产量，通常按照当时的课额来统计。

唐元和初年（806 年）26.6 万市斤、大中年间（847～860 年）65.5 万市斤。

北宋皇祐年间（1049～1054 年）518.0834 万市斤、治平年间 705.0834 万市斤、元丰元年前 1071.1466 万市斤。

南宋绍兴二十二年（1152 年）795.7263 万市斤、乾道二年（1166 年）26.3169 万市斤。

元代因文献记载不详，尚无法加以比较。就铜产量而言，北宋元丰年间应是唐宋冶铜业最为繁荣的时期。南宋以后铜的冶炼规模则大不如前。

隋唐宋元时期，铜的核心用途是铸钱。

隋因旧币质量低劣，大力发展铜矿铸钱。但其钱币仍属五铢系列。

唐代铸钱，始于武德四年（621 年）。这次铸钱，彻底废除了传统的五铢系列，改铸通宝钱，从而形成了中国钱币史上的一次重大变革。

唐肃宗乾元元年（758 年）时，唐代共有铸钱炉99 座，分布于当时的绛州、扬州、润州、宣州、鄂州、蔚州、益州、邓州、郴州、洋州、定州等地。各州置炉多少不等。其中以绛州铸钱炉数量最多。这些铸钱炉实际上都是以铜矿山的开采为依托的。各州置炉数大致也是根据当时当地金属铜的产量制定的。

据记载，天宝年间（742～756 年），唐代每一铸钱炉大约用铜 2.12 万市斤。

除铸钱之外，唐代用于铸制佛像、制造器皿、装饰建筑等其他方面的铜量也很大。

北宋的铸钱监，分布于今江西、湖北、湖南、福建、广东诸省境，铸钱规模甚大。今考古发现的宋代铜钱，动辄数百斤甚至数千斤。

南宋时，铜产量减少，以致不得不铸制大量铁钱颁行于市。

元代流通的货币，以银和纸币为主。甚至曾在至元十四年（1277 年）禁止江南用铜钞。但到至大二年（1309 年），也曾开始铸钱。元代的铸钱原料一部分是铜矿新出，一部分可能熔自旧器。元代的铜，较多地用于日常生活，如铸制佛像，制造各种衡器、车马具、火器（火铳火炮），以及用于建筑。

唐宋时期开采铜矿，往往规模盛大。宋神宗时期，广东岭水铜场，经常有 10 万人日夜开采。

由于原料的原因，火法炼铜在隋唐宋元时仍是主要的获取金属铜的手段。但在宋代，胆水炼铜法迅速得到推广。宋徽宗时，采用胆水浸铜的矿场至少有 11

117

处，包括当时的韶州岭水（今广东韶关）、信州铅山（今江西上饶）、饶州德兴（今江西德兴）等矿场。北宋末年，胆铜产量占到了当时铜总产量的15%以上。到南宋时，因胆铜法"力少利多"，得到进一步推广。据乾道二年（1166年）的统计量，全国铜总产量的705.7263万市斤中，胆铜达187.4427万市斤，占了27%。为了记录胆铜生产情况及总结胆铜生产经验，宋人张甲甚至还著有《浸铜要录》一卷，可惜失佚。

宋代生产胆铜，是通过浸泡法或烹熬法实现的。例如，信州铅山矿场就曾采取烹熬法。冶铜者先从胆水泉或胆水涧中汲取胆水，以火烹熬得到胆矾，再烹熬胆矾即得铜。烹熬过程中，用来熬胆水的铁釜被置换成硫酸铁。浸泡法通常要先引胆水到胆水槽，再往槽中投入生铁片，浸泡数日，铁片则"为胆水所薄，上生赤煤"（实际是被置换）。刮取"赤煤"（即粗铜）再入炉冶炼，去其杂质，即为纯铜。需要引起注意的是，当时浸泡法中，投入的是铁片。铁片可以增加与胆水的接触面积，可见冶铜者已注意到了生铁和胆水接触面积与铜产量之间的正比关系。

白铜的生产是中国古代一项杰出的冶金成就。

白铜制品在中国最早是何时炼制出来的，目前还不清楚。东晋时期的著作《华阳国志》中，曾记载云南省的螳螂县出产白铜。《唐书·舆服志》中也提到白铜，并视之为珍品。宋代以后，关于白铜的记载日多。因此可以相信，至迟唐宋时期，中国已能冶炼白铜。问题在于，目前的考古发掘中，基本没有唐宋以前的白铜实物出土，实物的分析鉴定工作自然也就谈不上。过去有人以魏晋时期的少数"大夏真兴"白钱（呈白色）及隋五铢白钱（也呈白色）为白铜，但经分析化验，这些钱实际只是含锡较多的青铜。认为至迟唐宋时期已能生产白铜，技术上无疑是可以成立的。因为生产白铜的重要原料镍，并不一定非直接提炼出来以后才能与铜一起入炉炼制合成白铜。使用熔炼铜镍共生矿的办法获得白铜是完全可能的。云南会理一带即有铜镍矿出产，其矿石有的铜多于镍，有的镍多于铜。因此到明清时，云南会理一带成为白铜的故乡。

黄铜是一种铜锌合金。中国最早的黄铜制品，是新石器时代晚期仰韶文化半坡类型姜寨遗址中出土的黄铜片和黄铜管。其含锌高达 25％ 和 32％。众多的商周青铜器中，也有含少量锌的，但一般含量都在 1％ 以下。后来的青铜钱币中也有含锌 2％、4％，甚至 13％（宋代铜钱）的。但这类黄铜制品或含一定锌的青铜制品，充其量是冶炼含铅锌的铜矿石的结果。

宋代称黄铜为鍮（音 tōu）石。这是沿用了古人对一些有金属光泽的黄色矿石的称呼，如黄铁矿、黄铜矿都是所谓"自然鍮"。

宋人曾有炼制黄铜的明确记载。宋崔昉在《外丹本草》一书中说，用铜一市斤，炉甘石一市斤，入炉冶炼，即可得黄铜一市斤半。炉甘石即是菱锌矿。当时炼取黄铜，即是用纯铜加炉甘石取得的。

掌握了自然铜掺入炉甘石可大量炼制黄铜的技术

后，黄铜的产量迅速上升。及至明清时期，黄铜成为铸钱的重要原料。

3 金与银的采炼

隋唐宋元时代，是金、银开采和冶炼的复兴发展时期。

隋文帝时，因全国刚刚统一，政府面临着一系列经济问题，尤其是钱币需要改铸，故而在矿冶业中，突出了政府对铜矿的开采和管理，对于金、银等金属，反倒全面放开。

唐代，朝廷对究竟是放开金、银矿好还是禁民开采好，意见并不一致。唐初，政府明令禁止民间私自开采金银矿。但并未从根本上阻止民间开掘金、银矿。到大历十四年（779年），唐朝廷终于"弛邕州金禁"，允许民间自采金银。该政令历时40余年，至唐宪宗时，政策又反复过来，仍旧禁止私采金银。

唐政府在开采金银问题上的犹豫态度，主要在于如何摆正农业与矿冶业之间的关系。当时相当一部分人认为，黄金虽然尊贵，但却无益于人之衣食。因此在较多的时间内，政府总是劝人致力农桑，禁止弃农开矿。不过唐代的政策反复对金银开采业的发展影响并不大。禁令颁行时，民间私采规模虽然缩小了，但并未绝止。而一旦开放矿山，金银的开采便迅速繁荣。自德宗用户部侍郎韩洄的奏议，明文规定由盐铁使收纳全国黄金白银的矿产税后，唐代金银的开采管理得以规范化，黄金白银的生产日益兴旺。

宋代的采金政策也随形势的不同有所变化。宋初以开放为主，民间可以自由进山采矿，入水淘金。用宋太宗赵炅的话说，地下的金银宝藏，当与众庶共享。到宋仁宗时，宰相王曾进言，认为如果老百姓从事采掘金银的过多，则从事农业生产的人就相对减少，这是舍本趋末的行为，不宜放任。因而明道二年（1033年），宋朝廷下令禁止民众采金，将采金权收归国有。但不久，当时的重要黄金产地出现灾荒，仁宗又不得不暂弛禁令，听任开采，以应解决民众生存之急。宋熙宁年间至宋大观年间，政府又实行了更为严厉的禁金令，但效果不佳，私开私采之事仍时有发生。为找到一个更有效的管理办法，宣和元年（1119年）徽宗终于又下令允许百姓"随金脉淘采"，但要制定定额，淘采者无论定额完成与否，都得上交规定的课金。这一措施有利于金银矿的开采与管理。

南宋是金银矿业衰退时期。

元代一统天下之后，为安定人心，致力于社会经济的恢复和发展。当时对于金银以外开采的管理，是通过课税来完成的。至元四年（1338年），政府设立铜冶总管府，制定了一系列条例，在允许民间自行开矿的同时，加以严格规范。

唐宋时期的金银产地数量多、分布广。当时的金矿场主要分布于今山东、江西、河南、湖北、湖南、陕西、四川等地。银矿场则分布于今山西、安徽、浙江、江西、河南、广东、甘肃等地。

据说，今江西上饶、德兴等地的山中分布有大型银矿，采之极是得利，每年可得银数百万贯。为了开采好这里的银矿，上元二年（675年），政府曾在此置场监，听任百姓采取，只收取20%的税。据《稽神录》记载，天祐年间（904～907年），有采银矿工10余人，凿地道采银，凿不多远，忽然身临一空旷洞穴中，洞穴白银如柱。采银矿工即持斧砍斫欲采，不料山崩洞塌，矿工全都压死在洞内，从此再无人上山采银。但实际上，德兴银山矿原是仪凤二年（677年）停采的。上述事故，表明后曾有人试图恢复该矿场的生产。

北宋的金属矿场兴废不定。治平年间，全国共有银矿场84处，分布于23个州、3军、1监；金冶11处，分布于6个州。到元丰年间，银矿场分布于68个州，金矿场分布于25个州。其中重点银矿区有信州上饶（今江西境内）、潭州衡山（今湖南境内）、南剑州将乐（今福建境内）等处。元丰年间金矿则较分散，以四川、山东、湖南、陕西四省矿场较多。最重要的矿区是登州和莱州金矿（今山东境内）。

南宋时，其实际控制范围内如江西、湖南、广东、福建等地的多数金银矿仍继续开采，但规模、产量大不如前。

元代的金银矿场有继承前代的，也有新生的。产地遍布今天的各个省区。其中主要的金矿场分布于今山东、江西、湖南及四川、云南部分地区。银矿场则分布在云南、广东、湖南和江西等地。

唐代金、银的产量，元和以前无记载可据。

有史料说，唐代元和初期，全国每年的采银量为12000两。12000两作为全国产量显然过小。因为有资料表明，当时仅饶州一处银矿场，总产量即有十余万两之多，故12000两可能只是当时的课税数，如课税率按7%计算，元和初唐代银产量应为17万两，若按20%的抽分率折算则只有6万两。按同样的抽分率即税收率7%计算，唐宣宗大中元年（847年）岁产银已增加到了36万两。

唐代课银的银铤，在考古工作中常有发现。1956年考古工作者发掘西安唐大明宫遗址时，即清理出四枚唐天宝年间的银铤。

北宋时期的金银产量有一些起伏，列举如下。

皇祐（1049～1054年）中：金1.5095万两，银21.9829万两。

治平（1064～1067年）中：金5439两，银31.5213万两。

元丰元年（1078年）前：金7597两，银41.142万两。

元丰元年：金1.071万两，银21.5385万两。

南宋的金银产量估计应低于北宋末年。1920年代，河南省方城县曾掘出南宋时期的银铤6件，重量不一，有1100克者，也有1900克者。其中一件铭有"绍兴二十六年（1156年）春季经总制银"字样，另一件残存铭文"二十四年下限上供银"。

就金银采炼来说，元代相对北宋不仅没有衰落，居然有了一个很大的发展。元代对金银矿课税的办法，早期以征收实物为主，晚期则主要征收银钞。元成宗在位时，每年全国大约产黄金1.9万两。银的出产量则大大高于黄金，天历元年（1328年），朝廷课银总数为1551锭11两。按每锭50两计，即为7.7561万两，又按当时"十分之三输官"的课税办法，天历元年的年产量约25.8537万两。较北宋时有一定增加。

隋唐时代，金银主要用于纳税、上贡、馈赠、布施、装饰、作器等方面。其中装饰与作器用量最大。日常生活及宗教佛事中，每年都要将大量金银用于贴金、鎏金、贴银、错金银和镶嵌。制作器皿的用金量更是惊人。当时主要的金银器皿有碗、盘、瓶、注子、托盏、壶、杯、盒、香熏等（见图5）。

考古发现的唐代金银器中，最引人注目的是陕西扶风法门寺地宫所出的一批（见图6）。

扶风法门寺地宫发掘于1981年，地宫中共出土唐代金银器物121件（组），可分成生活用具、供养器和法器三类。主要器物有盆、盒、波罗子、银坛子、羹碗子、碟、香炉、香熏、茶具、菩萨像、宝函、锡杖、如意、钵盂等。不少金银器上刻有文字，包括进奉者姓名和官职、产地、制作时间、重量和工匠、工官的名字，有些还载明是由专为皇室打造金银器物的"文思院"制作。这批金银器物是晚唐的代表作。由于数量众多、种类丰富，而且时代明确，因此具有极高的学术价值。

另一批精美的唐代金银器是西安何家村出土的。

图 5　唐代金银器

　　a 金花银碗　b 刻花银碗　c 银花鸟纹碗　d 金花鹦鹉纹提
梁银罐　e·金花八棱银杯　f 刻花高足银杯子　g 刻花金铛
h 金花八曲银杯

何家村窖藏金银器发现于 1970 年，窖藏中共出金银器
一千多件，这批器物中可分为食器、饮器、盥洗器、
药具、杂器和饰件等，主要器形有碗、盘、碟、带把
杯、高足杯、铛、壶、罐、香囊、熏炉、银饼及各种
饰件，这是目前所知唐代最丰富的一批金银器物。器
物精湛的工艺、优美的造型、华丽的纹样展示了唐代
金银器制作的崭新风貌和高度成就。据考证，这批金
银器为 8 世纪中叶以前的唐代作品。

图 6　唐代鎏金莲瓣纹荷叶足银碗
（陕西扶风法门寺地宫出土）

宋代，金银虽不是官定货币，但市面上仍可流通。金银器皿的制作用金量也很大。1960 年代，考古工作者曾报道四川德阳孝泉镇发现的一批宋代银器，共 117 件，计有瓶、注子、托盏、碗、壶、杯、盒等。这类器物是宋代金银器中的常见器物。1983 年，浙江永嘉县四川区也发现一处宋代金银器窖藏，其中出土较完整的银器 51 件。包括兽面银碗 1 件、鎏金银钗 28 件、鎏金银簪 16 件、双箍面银钏 2 件、麒麟形鎏金银饰 1 件、蝴蝶形鎏金银饰 3 件、花形鎏金银饰 1 件、银钗杆 8 件。这批银器大部分是发饰类，银钗、银簪又可分为多种样式。制作上采用了翻铸、镂空、切削、焊接、浅刻、锤揲、压印等技术，许多器物上还刻有制作的铺号。值得注意的是，宋代一些金银器，除了饰以花纹外，有时还刻上文字。如江西乐安县宋代窖藏中出土的两块文字牌，其上分别刻宋代文学名作《黄州竹楼记》和《醉翁亭记》两文，是罕见的器物。

宋朝君王不信佛教而信道教，因而道观的修饰、法器的制造也费去不少金银。北宋金银消耗的另一个重要方面是战争赔款。1004 年，宋与辽签订澶渊之盟，条约规定，宋每年要输送给辽邦白银十万两。1125 年宋与金议和，金人提出需要黄金 500 万两，银 5000 万两。仅隔一年，金兵第二次犯宋，攻陷开封并掳钦宗。这次金人的索价是黄金 1000 万锭，银 2000 万锭。由于国家所藏金银不足，宋廷只得大肆搜刮民间金银，以至"编民一妾妇之饰、一器用之微，无不输之公上"。

元代市场上金银交易较以前活跃。金与银的比价约为 1：10。行商大贾做生意时，多以金银相携，以致元朝廷为防止金银外流而做出过禁止携带金银航海的规定。元代金银器的器类和数量与宋代相比，有过之而无不及。据文献记载，当时的器类，仅黄金饰物就达百余种之多。达官显贵，极尽奢华。

中国古代的金银淘采和冶炼技术，在隋唐宋元时期达到了一个新的高峰。

我们可以通过一些唐代诗文，看到当时采金业的兴旺。唐代文学家刘禹锡在一首《浪淘沙》中写道：

<blockquote>
日照澄洲江雾开，淘江女伴满江隈。
美人首饰侯王印，尽是江中浪底来。
</blockquote>

唐代在追找金银矿脉方面已总结出许多经验。唐段成式在《酉阳杂俎》中说："山上有葱，下有银；山上有薤，下有金。"段成式所提供的这一通过寻找"葱、薤"等植物去发现金、银矿脉的方法，是符合科学道理的，因为自然界有些植物只能生长在含有特定金属元素的土壤或岩隙之中。

宋代找金银矿，掌握了根据"伴金石"找矿的要领。所谓"伴金石"，实为金矿脉中一种黑褐色伴生矿物。通过伴金石找矿，可以节省工本。

山金的开采，通常是"先碎后淘"。即先将采掘的矿石用锤砸碎，再加以淘洗。

唐代在矿山淘金，多采用深掘井和自然聚水的淘金法。此法尤其在民间盛行。其方法是，每年的春上在矿山的山腰掘好淘金坑，一般坑深一丈左右，长宽数十步，夏天雨季来临时，先将预备淘洗的矿砂或矿粉倒入坑中，就坑中积水淘取黄金。如此，所淘得的金片或金块大的重达一市斤甚至二市斤，小的常常也有三两五两。这种黄金，价格较赤金贵数倍。当时人们的淘金设备，一般是表面粗糙、摩擦力较大的工具。宋代四川一带以木盘淘洗，甚为费力。在山东登州和莱州金矿，人们发展出木制溜槽重力淘金技术，即在制作溜槽时，在木料上锯割出可以阻滞矿粒运动的刀痕，这样投沙其上后冲以水，就能使密度较大的生金粒为锯痕或刀痕所阻，沉积于木制溜槽的底部。沙则被水冲去。

唐宋时期开采量最大的是冲积砂矿床和残坡积

矿床。

元代除普通的砂金、山金得以开采外，石灰岩地区溶洞中的淘金活动也很活跃。据说当时广西一带的溶洞中出产生金，当地百姓常去淘取。所得金粒大小不一，细碎的如蚯蚓泥，大者如甜瓜子。后者被称为瓜子金。前者因形同麦片，故名麸皮金。颜色均深紫色。

隋唐宋元时代的炼银技术，古代文献中有所反映。大体是，发现银矿脉后，即沿矿脉凿穴追采。所凿采穴一般只能容一人通过。采矿时以烛火照明。矿穴深者可达十数丈。采出的矿石，先以铁锤砸碎，然后上磨磨成矿粉，矿粉制成后，用绢罗细。最后才用水淘洗。淘洗时注意矿物的分辨，黄色或杂色者弃去，黑色者（实际即辉银矿矿石）留下以待进一步提炼。

开采矿石的主要工具是钢钎和铁锤。考古工作者在河南桐柏县发现了围山城、银洞坡、圆柏树等多处唐至明代的冶银遗址。其中银洞坡遗址中不仅发现钢钎实物，还能在矿体中见到古代钢钎施工的痕迹。

银的提炼一般是以铅为置换剂。提炼的过程，实际是以铅与辉银矿共热，置换银的过程。析出的金属银与剩下的铅生成铅银合金。再经煅烧，铅被氧化，生成氧化铅（PbO，俗称密陀僧），银得以提纯成碎银。

河南桐柏县围山城唐宋时代冶银遗址，面积达35000平方米，遗址中出土了两种炼渣，一种为中厚边薄的圆形饼式，直径25～35厘米，此种渣应为高炉所出。另一种为坩埚渣。由此可见，当时炼银有高炉冶炼和坩埚冶炼两种方法。

隋唐宋元时代的金银器精美绝伦，与当时高超的金银加工技术是分不开的。唐代设立"金银作坊院"和"文思院"，将全国各地的能工巧匠集中于中央，使他们能相互学习、取长补短，得以提高金银器产品的质量。

据记载，唐代的黄金加工工艺达14种之多，主要有销金、披金、镀金、织金、砑金、折金、泥金、缕金、捻金、戗金、圈金、贴金，分工细，水平高。考古发掘出的唐代金银器，工艺水平总是令人赞叹不已。1983年，扬州三元路发掘出一批精美的唐代金首饰，有玲珑的耳附，精巧的戒指、挂饰、串饰。其中一件极罕见的金栉重60克，栉上部满饰花纹，以卷云形蔓草纹为地，中间饰一组如意云纹，上方錾刻一对奏乐的飞天，身系飘带，其中一人吹笙，另一人手持折板。卷云形蔓草纹，周围饰一卷莲瓣纹带，与主纹之间有一条联珠纹相隔。周边纹饰可分四层，内容各异，疏密有致。

唐代金银器制作大量地采用了锤揲技术，还发展出切削、铆、大焊、小焊、两次焊、掐丝焊等工艺。一些盘、碗、盒等器皿上切削加工痕迹证明，当时已经有了简单的机械车床。器物的种类很多，而且同一种器物的形制极少雷同。器物造型多采用流线、圆弧式手法，使器物显得舒展大方、轻松活泼。

唐代的金银平脱技术堪称一绝。平脱，即以金或银的薄叶缕切成图像花片，以胶漆粘贴于器表，再上漆若干道，然后加以细磨，将花片脱露出来。陕西省博物馆所藏唐代金银平脱天马鸾凤镜即是一件精美的金银平脱佳作。

錾花金银器在唐代甚为流行，几乎每錾花金银器都有流畅的金银点、线。唐代鸳鸯莲瓣纹刻花金碗通身鱼子纹地，外腹部錾出双层仰莲，每层十瓣。上层莲瓣内分錾狐、兔、獐、鹿、鹦鹉、鸳鸯等奇珍异兽；下层莲瓣上作出忍冬纹。圈足刻鸳鸯一周，内底部刻团花一朵。

唐代鎏金技术有新的提高。唐代的鎏金产品范围广、鎏金面色泽好。8世纪时，此技术还传到日本。

唐代的金银器还受到外来文化的影响。考古发现和当代学者的最新研究表明，早在5～6世纪时，中亚、西亚诸国和欧洲的金银器就已输入中国。唐代许多金银器，就是仿自西来文化的。例如，唐代的长杯便是忠实地模仿萨珊器物的器类。此类杯造型上最重要的多曲特征与萨珊长杯几乎完全一致，特别是8世纪中叶以前的器物。唐代工匠尽管模仿外来的器物造型，但并不盲目，在仿制的同时就开始加以改造，使之变成中国化的器物。唐代的长杯在杯体深、高足、敞口等方面已有别于萨珊器，后来这类器物又沿着两个方向发展：一是将八曲改为八瓣或再进一步将八曲减至四曲；二是基本保持着八曲的特点，但杯体更深，杯足更高。东罗马地区的金银器也对中国的金银工艺产生了一定的影响。内蒙古呼和浩特附近的毕克镇和西安李静训墓中发现的金银高足杯与 1912 年黑海沿岸的彼尔塔瓦市郊出土的四件金、银高足杯的外形就极为相似。

唐代金银器皿中一部分装饰纹样也是在萨珊银器的影响下出现的，如陕西西安何家村出土的银盒顶部和底部中心带翼的狮、鹿等动物图案。

宋元时期的金、银加工技术，继承了唐代金银加工工艺的精华，尤以嵌合、铆焊技术最为突出。

4　铅矿锡矿与汞矿的开采及其提炼

锡与铅的冶炼，与铜的冶炼一道发展，荣则俱荣，损则俱损。对锡、铅的产量，历代王朝并不刻意追求。

唐代开采锡、铅的矿场，远不及铁、铜、金、银矿丰富。当时的铅矿主要有今江西大余、上饶，广东阳春等处。锡矿主要设在今河北武安，山西阳城，山东莱芜，江西南康、大余等地。

北宋的铅、锡矿场集中于今江西、福建、广东三省，盛极一时。据记载，治平年间宋朝全国各州金属矿坑冶总数为 271 处，其中锡冶 16 处，铅冶 30 处。

南宋铜、铅、锡的生产均呈滑坡之势。现知南宋的锡矿主要分布于今江西、湖南、广西境内，铅矿则分布于福建、广东、广西、湖北、江西、浙江、安徽数省区。

元代铅、锡生产疲软。北宋时的大型锡矿场贺州已不见于记载，估计即使不关闭停采，其规模也缩小了。但部分锡矿的开采仍在继续，如湖南境内的锡矿每年仍有一些出产。

唐宋时期铝、锡的产量，从一些文献中可以查到或可据有关资料做粗略的推算。

唐天宝年间，按 99 座铸钱炉计算，其每年开炉铸钱的耗铅量在 35 万~36 万市斤左右，耗锡量可能接近 50 万市斤。

北宋时，锡和铅的产量与铜产量的情况相类似，基本保持着不断上升的势头。皇祐年间（1049~1054 年），全国年锡产量为 33.0695 万市斤，铅产量 9.8151 万市斤，元丰元年（1078 年）分别增加至 232.1898 万市斤和 919.7335 万市斤，达到历史最高峰。

南宋锡、铅产量不断递减。绍兴二十二年（1152 年），铅和锡的产量分别减至 76.1204 万市斤和 321.3622 万市斤。到乾道二年（1166 年）又减一筹，分别为 20458 市斤和 19.1249 万市斤。

元代的有关文献资料没有记载各种矿产的年总产量，但记载了元朝天历元年（1328 年）各种金属矿产的岁课数目。从中可以看到，元代的铅、锡产量可能略低于唐宋时期。

隋唐时期的铅、锡仍然主要用于铸钱，也制作一部分锡器和铅器。

隋唐宋元时期的汞矿产地，绝大多数集中在南方。

唐代的朱砂产地，主要分布于今湖南、广东、广西、陕西、四川、贵州境内。

宋代朱砂产地与唐代相比较，个别汞矿可能已停采，今陕西境内的汞矿规模则有所扩大。

元代汞矿数量似又有所减少。部分宋代盛产水银的地方已不见记载。潭州安化、沅州五寨、罗管寨（今湖南境内），思州（今贵州境内）等，是当时比较有名的朱砂产地。

朱砂及水银的产量，唐代失载。宋代则自皇祐年间开始，呈现出上升的趋势。治平年间（1064～1067年），全国的水银产量为2200市斤，朱砂产量为2800市斤，但到了元丰元年，全国总产量情况为朱砂3646市斤，水银3356市斤。值得注意的是，元丰元年收上来的3646市斤朱砂中，有3386市斤来自宜州，264市斤来自商水。可见宜州是当时最主要的朱砂产地，其朱砂大概质量上乘，故专为征收，以供全国颜料和备药之用。其他地方的汞矿则一般须制成水银后上交。元代的朱砂和水银产量只有一部分入账。北京及思州两地的产量不可考。至元十一年（1274年）来自湖广地区的朱砂为1580两，水银2290两。故元代的朱砂与水银产量，似无法与宋代相比较。

隋唐宋元时期，朱砂仍主要用作颜料。水银则大多被埋入地下，用来作为上层贵族墓葬中的防腐剂。大臣死后，皇帝赐给水银，几成惯例。据载，宋太师清河郡王张俊死后，下葬用了水银200两。

1971年，考古工作者于江苏江浦县发掘了一座南宋时期的夫妇合葬墓。发现棺下铺有厚约0.36米的一层石灰，并有大量水银。除翻动流失不能收起外，尚取出水银5市斤左右。

炼制水银的方法是"烧取"。宋苏颂的《图经本草》记载了当时烧取水银的具体过程：炼制水银时，先准备炼炉，炼炉的上部要覆盖好，下部则要准备收取水银的水池。炼制时，烟气腾飞于上，水银则自炉下流出。南宋范成大曾经提到，当时邕州出产的朱砂，每 12～13 市斤，可炼得水银 10 市斤。如此高的水银含量，当是一种成分较纯的朱砂。

六　明清时期的矿冶业

1368 年，朱元璋彻底击溃蒙古元军后，于南京称帝，国号明，是为朱明王朝的开始。

明初为巩固新政权，实行了一系列的发展生产的措施。奖励垦荒、减轻赋役，社会经济水平很快得以恢复并不断提高。至明朝中叶，东南各省出现了较为固定的劳动力市场，历史学者称之为"资本主义萌芽"。

明崇祯年间，社会矛盾开始激化，恰又遇上连年灾害，爆发了农民起义。1644 年，李自成率起义农民攻入北京，明朝灭亡。但李自成在北京建立的新政权尚未巩固，就被清政府击败。同年，清兵大举自东北入关，中国历史进入到清王朝时代。

清初仍实行较为开明的政策，通过各族人民的辛勤开发和劳动，农业、手工业、矿冶业、商业各方面都取得了一定发展。但到清王朝后期，因统治者的腐败及西方列强的屡次入侵，中国经济处于停滞或衰退状态。

明清时期的矿冶业，是与社会大势的演变相适应的。总的来看，矿冶业在许多方面都取得了新的成就。炼锌技术的发明和成熟，就是这一阶段最引人注目的成果。中国的炼锌技术及锌的产量曾一度保持着世界领先水平，并有所出口。冶铁业的发展，主要表现为钢铁产量的提高。炼铜方面，大量黄铜、白铜的生产，满足了社会上新的需求。铅、锡的生产规模加大，锡器的制作和应用都很普遍。黄金、白银以及水银开采和提炼也都发展到了一个新的阶段。

明清时期矿冶业发展的另一个标志是，出现了系统总结矿冶技术经验的学术性著作。宋应星的《天工开物》记录了宋明矿冶业的开采、冶炼的技术、经验，是我们研究中国古代矿业史的重要资料。

冶铁业

明初采取保守的铁矿经营政策，仅仅维持当时已有的官矿规模，而不轻易新置矿场。对于民间冶铁，则课之以税。洪武十五年（1382年），朝廷有人奏请恢复元代著名的磁州铁矿，朱元璋不曾批准。朱说，现代冶铁的矿场很多，军队中也不需要更多的铁，老百姓生活安定，如果恢复磁州铁矿，又要驱使上万家的平民百姓去开山采矿。上奏者不仅未能得到皇帝的赞许，反而被杖责，后来又遭流放。朱元璋的思想很明确：如无特殊需要，绝不增设新矿。但在整个明王朝统治期间，政府对原有铁矿生产经营还是十分重视的。例如，明初曾命"置铁冶所官凡一十三所"。官府对全国各地铁矿的生产情况掌握甚详，所课税额，也均清晰有载。

清代的铁矿政策也是十分慎重的。为了避免发生官办铁矿管理不善，逼民造反的后果，清代铁矿的开采和冶炼始终都由民间经营。政府只加以监督并征收赋税。在清代的这一政策下，许多民营冶铁场后来都发展为规模很大的炼铁工厂。盛极一时的广东佛山铁厂即其中之一。

明代全国铁矿分布地以湖广为中心，其他各省也都设立了铁矿矿场。清代则主要沿袭了明代的旧矿。明清两朝的铁产量，远远超过唐宋。

洪武元年（1368 年），全国产铁总量高达 1847.5 万市斤，其中三成以上产自湖广。七年，铁总产量有所下降，但也将近 905.3 万市斤，其中官铁占总额的二分之一。

洪武七年铁产量的下降，恐与当时铁库存已多，部分官办铁厂停办有关。到二十八年，内库存铁仍有 3743 万市斤，故太祖下令官冶停办，民营铁矿的课税率只取十分之一。

清代的铁产量不仅足以满足社会之所需，且有铁器出口。明清时代多数铁矿厂的生产规模是前代所不能比拟的。

"遵化铁冶"是明代的一个重要炼铁厂。该厂工人最多时达 2500 多人，最少时也有 1500 多人。从永乐到嘉靖的一百多年间，该厂冶炼技术不断改进，工种划分明确，管理有序，生产能力很强。当时该厂的一个炼铁炉，可在头年十月至次年四月的半年冶炼生产中，放出生铁 8 万斤以上。

清代铁厂规模较明代又更进一步地发展了。据记载说，当时的大厂可达十余万人，中小厂也常常有数万。有人将广东铁场的情况描述为："凡开炉，始于秋，终于春。……下铁矿时，以坚炭相杂，率以机车从山上飞掷入炉，其焰烛天，黑浊之气数十里不数，铁矿既熔，液流于方池，凝铁一版取之，以大木杠搅炉，铁水注倾，复成一版。……凡一炉坊，环而居者三百家，司炉者二百余人，掘铁矿者三百余，汲者、烧炭者二百有余，驮者牛二百头，载者舟五十艘，计一铁场之费，不止万金，日提铁二十余版，则利赢八九版。"这段话大意是说，当时在矿山炼铁，为了避开炎热的夏季，一般都选择秋季开炉，而在次年的春天停炉。装炉时，铁矿石与块炭相杂，用一种叫做机车的机械从山上搬运入炉。炼制过程中，炉内燃烧的炭和矿石释放出大量烟气，弥漫天空达数十里之远。铁矿石熔化后，高温铁液自炼炉中流出，注入一方形池中，凝固后即得铁一版。在整个冶炼过程中，大约有 300 户家庭长期居住在作坊周围。其中专管炼炉者 200 余人，开采铁矿石者 300 余人，负责取水、烧炭者 200 余人，负责陆路运输的牛多达 200 余头，水路运输的舟船 50 余艘。如果一天能够出铁 20 余版的话，可赢利 8～9 版。

明清开采矿石，有锤敲法、火爆法和火药法三种。火爆法却先以火局部烤热矿床，随后以凉水激淋，利用激烈的热胀冷缩体积变化，使矿石爆裂。火爆法唐宋时也曾采用，算不得新的发明。但有关明代采矿的文献资料中，有所谓"火爆石裂"、"山灵震烈"、"鸟惊兽骇，若蹈汤火"的描述。有的学者据之认为，这时可能已使用火药爆破法采矿。果真如此的话，明代的采矿技术已颇具现代气息了。清代已采用火药法采矿，则是无可置疑的。明清时期的炼炉普遍造得更加高大了，河北武安县曾出土一座明代土高炉，内径2.34米，外径3.3米，高达6.3米。清初一些著作如《广东新语》、《三省边防备览》中所记录的炼铁高炉，都高达5~6米。著名的遵化铁厂的一座大铁炉，高4米，一炉可容矿砂2000余市斤，但在当时只是一般规模。

宋元时代的简单开合式木风扇被活塞式木风箱取代。这种新式风箱利用活塞的推动作用和空气的压力自动开闭活门，间断压缩空气，增强了风压和风量。

明清时代，焦炭已正式作为炼铁的燃料。当时的一些著作中，明确记录了用焦炭炼铁的优越性。认识到焦炭不仅火力强劲，而且释放热量的时间长，透气性好。焦炭用于冶铁，大大提高了铁的产量和质量。

明清时期，灌钢技术仍然是一种广为流行的炼钢技术。但与宋代相比，明清时代的灌钢法有独到之处。《天工开物》载："凡钢铁炼法，用熟铁打成薄片如指头阔，长寸半许，以铁片束包尖紧，生铁安置其上，又用破草履盖其上，泥涂其底下。洪炉鼓鞴，火力到时，生钢先化，渗淋熟铁之中，两情投合，取出加锤，不一而足，俗名团钢，亦曰灌钢者是也。"可见当时炼钢，先是备料，即用熟铁打成长约一寸半、宽如手指小薄片，然后将小熟铁片束包好，再将生铁放在束包好的熟铁片上面。生铁的上面还要盖上一只破草鞋，熟铁片下再涂上泥。料备好之后，再入炉炼制。当加热到一定温度时，盖在上面的生铁因熔点低于熟铁片，因而首先熔化，并逐渐渗入熟铁内，使熟铁增碳。将增碳后的熟铁取出加以锤锻，即可炼成所谓团钢。这种团钢炼制法与南北朝和唐宋时期的灌钢炼制法有两点区别：一是备料时将草盖于所备原料的上面，而下面还要涂泥。从现代冶金原理看，这样可以保证生铁在还原气氛中熔化。二是改变了将生铁块嵌在盘绕的熟铁条中的传统做法，将熟铁先打成条形的薄片并尖紧，再以生铁置于熟铁片上，因而增加了生熟铁之间的接触面，使得生铁汁可以更均匀地渗入熟铁中。这一改进将中国的灌钢生产技术推上了一个新台阶。

苏钢是明清时期在灌钢生产技术的基础上发展起来的一种炼钢技术。这一技术因其盛行于江苏苏州而得名，但后来被传播到许多地方。湖南湘潭、四川重庆等地生产的苏钢也十分有名。炼制苏钢时，先将熟铁放入炉中初步加热，约两分钟后，用火钳钳住一块生铁板置于炉中，不断鼓风，使生铁板熔化。这时移动火钳，让液态生铁均匀滴到熟铁上。完成上述动作的同时，还要不断翻动熟铁。淋铁完毕，取出钢块到砧上锻打成钢团，再移到另一炉中锻成钢条并入水淬冷。

　　传统的炒铁技术一直沿用下来。在实践过程中，人们又对这一技术加以改进。其中最明显的变化，就是将炒铁炉与炒炼炉串联。这样可以减少生铁的再熔化过程，节省了一定的劳动力，提高了效率。

　　焖钢生产技术是在古代块炼铁渗碳钢和固体渗碳工艺基础上发展起来的。通常是把熟铁放在密封的罐内，填充木炭或骨粉作渗碳剂。有时还加一些起催化作用的物质。罐装好后，若干个罐集中到一起，放在一个炉中加热到一定温度，再保温若干小时（长短视铁件大小），出罐后立即淬火。焖钢设备简单、操作容易，明清时期在各地曾广泛应用。

　　明清时期的生铁铸造技术发展迅速，留下了许多反映当时铸造水平的代表之作。如山西太原晋祠的镇水金人，散见于全国各地的明清时期各式火炮等等。广东佛山铁厂的铁锅铸造在当时最为驰名。铁锅是佛山铁厂的主要产品之一。佛山铁厂铸造的铁锅不仅有不同的规格、型号，而且厚薄适宜，不差毫厘。因佛山铁锅质量好、产量高，曾大量出口国外。

　　铁器的锻造技术，无论在热加工方面还是冷加工方面，都有较大的进步。1985年在福建泉州湾石湖港打捞出水的明代铁锚，反映了明代锻造铁器的上佳水平。该锚有4个锚爪，锚杆较长，其首部略残，全长278厘米。其中杆长268厘米、直径17厘米、爪高10厘米、爪的直径14厘米。总重量达758.30千克。经鉴定系由熟铁打造而成。该铁锚是明代郑和船队下西洋时使用过的停泊船具。按停泊木船的配比公式计算，此锚可供载重 400 吨的大船使用。

明清期间的冷加工技术在当时即驰名中外。佛山铁厂的铁工可以把铁拉成不同粗细的铁丝，有"大缆、二缆、上绣、中绣、花丝"等多种规格。其中最著名的是冷拔制针的工艺。冷拔钢针强度高、韧性好、不易折。其过程是：先锤铁为细条，用铁尺一根，锥成线眼，再将条铁抽成线。

明清时期的铁工还掌握了缓冷退火技术。如在制针过程中，冷加工之后，讲究"慢火炒熬"。这样可以消除由于冷加工造成的内应力。

农具制造方面，普遍采用生铁淋口技术。所谓生铁淋口即以液态生铁浇淋器物的刃部或锋部。这样可以在保证锻铁农具本身良好韧性的前提下，提高其刃部或锋部的硬度或强度，使大批生产工具进一步适应使用要求。生铁淋口工艺操作简单，成本也较低廉，特别适合中国当时的自给自足式小农经济生产和作坊式手工业生产方式。因而以生铁淋口加工出的工具农具迅速流行。

总体来看，隋唐至明清时期，铁器的制造水平和质量、性能，仍然在稳步提高。但另一方面，由于自给自足的封建小农经济形式没有摆脱对简单铁器的依赖，铁器的生产和制造也就失去了强大的动力，冶铁术的发展也只能是渐进式的。与同一时期西方英法等国的冶铁技术上所取得的成就相比较，中国明清时期冶铁技术改造的步伐相对比较缓慢，技术上的发展显得后劲不足。中国考古发现的明清时代铁器也反映了这一点。1950 年代，山东省文物管理处、山东省博物馆等单位在山东梁山县宋金河支流的一艘明代沉船内清理出土一批明初铁器，总计 120 余件，包括停泊用的锚，手工工具斧、刀、锯、锉、锥、泥抹，兵器剑、刀、矛、镞、盔甲，马具蹬、衔，农具镢、铲、镰，日用器铡刀、剪、锁、灯等。铁锚上铸有"甲字五百六十号八十五斤洪武五年造"字样。这批铁器品类齐全，一定程度上反映了明代铁器使用的基本情况。铁器中农具发现虽不多，但其形制与近代中国农村的同类器物已经十分接近。如铁镢作横銎宽叶长方形，铁镰作月牙形或钩形，与近代关中农民手中的镢头和麦镰十分相似。斧、刀、锯、锉、泥抹等手工工具的情况也是如此。这就反映了一个重要的历史现象：自明初以来直至 20 世纪初，中国的铁质农具和手工工具没有取得大的进展。究其原因，是由中国历史上一直占统治地位的自给自足式自然经济所决定的。这种经济生产形式过度依赖于简单而便宜的农具和手工工具，阻碍了技术的发展。

明中叶以后，资本主义萌芽在中国江南一些地方稀疏出现，中国冶铁业获得了一次难得的发展良机。但由于自给自足式的自然经济方式和封建统治在中国根深蒂固，这样一次历史机遇丧失了。当 17～18 世纪西方冶铁业飞速发展的时候，代明代而起的清政府采取闭关锁国的政策，阻挡了外来的刺激，中国冶铁业又失去了与西方共同竞争发展的机会。17 世纪以前，中国在冶铁用铁总体水平上与包括欧洲在内的世界其他国家和地区相比尚有一定优势，到 18 世纪以后，随着英、法等国资产阶级革命胜利成果的巩固和产业革命时代的到来，欧洲的钢铁生产迅速赶上并超过了中国。18 世纪初，欧洲试制焦炭获得成功；随后发明气压式发动机并用于鼓风。1856 年英国人又研制了世界上第一座转炉。自此，欧洲进入了科学的钢铁时代。19 世纪初，中国钢铁工业遭到先进的欧洲钢铁工业的沉重打击，"洋铁"产品充斥中国市场。19 世纪后半期，中国钢铁工业受到外力的强烈推动，在"办洋务"的浪潮中向近现代钢铁工业过渡，中国传统铁器时代随之结束并逐步进入半机械化和机械化时代。

中国最早采用近代技术冶炼铁器的矿场是湖北汉阳铁厂。1890 年以后，该厂购买了手钻、气压凿岩机等机械并在大冶铁矿投入使用，同时还动工修筑运输矿石的铁路。当时的江南制造总局也设置了酸性平炉一座，成为中国历史上第一座炼钢平炉。1894 年，中国第一座近代高炉在汉阳铁厂投产。两年后，又新建 150 吨混铁炉一座，并设立专门的轧钢厂。由于一系列新设备的引进和投产，在 19 世纪末和 20 世纪的头 20 年里，中国钢铁工业呈现出良好的势头。产量迅速上升，近代民族冶金工业开始建立起来。遗憾的是，随着日本入侵中国，本来就很脆弱的钢铁工业又趋缓慢发展，甚至许多铁矿停采、铁厂被迫关门。这种状况，直到 20 世纪中叶才得以彻底改善。

2 铜的冶炼

明政权成立后，官方对铜矿的开采和冶炼，采取维持现状的办法，不轻易增加新矿。至于百姓，则可自行开采，但照例要收税。这一政策持续了很长一段时间。崇祯年间（1628～1644年），因国内战乱不休，灾害不断，国库银、铜用尽，因而诏令各地有铜矿的地方，一概设炉采炼，无铜矿的地方，则收购民间散藏之铜。

清初采取的铜矿政策也是"听民采取、输税于官、皆有常率"。即任百姓自行开矿炼铜，收取一定官税。康熙时，铜矿政策更为明确：各省出产铜及铅、锌的地方，只要本地有人愿开采，该地督抚即委官管理，但监管官只管监产课税，抽税率为20%，其余80%由开采者自己发卖。

云南一带矿藏丰富，康熙帝平定"三藩"之后，下诏在云南大举开矿，使清代的矿冶业迅速蓬勃发展起来。

明清时期的铜矿场，文献有比较清楚的记载。主要分布在云南、四川境内，其次为湖南、湖北。

明代的铜课以斤计算，从永乐元年至宣德九年（1403～1434年）前后31年间，每年的铜课总在2100～3000市斤之间，其中宣德九年最高，为2989市斤。铜课数额显然不表示铜的年出产量。洪武元年（1368年），仅池州府即采铜15万市斤。江西德兴、铅山二县，仅宣德三年即浸铜 50 余万市斤。因此我们估计，明代每年的实际产铜量，当远远超出宋代。

清代的铜产量无疑达到了历史的最高水平。从乾隆五年（1740 年）到嘉庆十六年（1811 年）的 71 年中，云南全省的出铜量最高为 1467.4481 万市斤（1765 年），最低也有 915.5974 万市斤（1750 年），甚至当时一个大铜厂的出产量就能达到 1000 万市以上。

清代云南铜厂多具有大规模的分工协作生产方式。最大的铜厂工人人数达到 6 万~7 万人，一般的铜厂也有万余人。铜厂的厂务由地方行政官员兼办。派出一批监管官驻厂负责。厂官下设镶长、硐长、客长、炉长、炭长、锅头、课长等，号称"七长"。镶长负责辨察矿苗、检验矿石的品位、指示采矿的开采方向，相当于现代的工程技术人员。硐长负责矿场内的杂务及邻矿之间因争夺矿脉的开采权而引起的纠纷。客长司理厂民的诉讼。炉长掌窑炉之事，他必须熟悉矿性、炭性，懂得炼铜时的配料，并善观火候。炭长负责领放柴炭工本，维持燃料供应。锅头负责全厂人员的伙食。课长负责税课之事，一切银钱的出纳，全在其手。清代铜厂，分工管理的细致，远胜前代。

明清时代炼铜，以火法熔炼为主。有条件的地方，提倡湿法提炼。

清代火法炼铜技术见于记载的很多，如吴其浚的《滇南矿厂图略》，王文韶的《续云南通志稿》等。大体对处理较易炼的矿石和处理较难炼的矿石，过程略有差异。夏湘蓉、李仲均等学者编著的《中国古代矿业开发史》一书中，曾据《清代云南铜政考》一文，介绍了清代云南铜矿冶炼的工艺。

湿法冶铜技术在明清时期应用甚广。更多的可用于置换铜的物质为人们所认识。例如，人们发现，不仅铁可以置换出铜，将铅或锡投入胆水中，也会发生同样的化学反应。在江西德兴、上饶等地的铜矿，冶铜工人即常用铅或锡作为置换剂投入含铜的泉水井中，浸泡两昼夜，即可得到所谓"黑锡"，再以火提炼，便能炼得纯铜。

明清时期，各地铜厂除提炼红铜外，也大量生产黄铜和白铜。其中以云南、四川两省最为著名。

早在明朝成化以前，四川当地的居民即有炼制白铜的。成化五年（1469年），官方还曾颁布禁止生产白铜的禁令，宣布四川军民偷采白铜者，为首的要戴枷示众。明代为何禁止老百姓采炼白铜，尚无解释。但清代康熙时，情况就不同了。康熙二年（1663年），政府宣布当时四川的黎汉、红卜萱两处白铜旧矿，听民开采，朝廷只征取赋税。

云南是清代白铜的主要产地。其时云南牟定就有茂密、茂岭、妈泰等多处白铜厂，武定雷马山也产白铜。其中茂密厂的白铜，最高年产量曾达到4.4万市斤。

明清时期是如何生产出白铜的，史载不详。但清代文献中有"发红铜到厂，卖给硐民，点出白铜"的说法。我们推测，当时生产白铜，可能是以铜镍共生矿石直接入炉冶炼而成，由于云南会理一带的铜镍矿所含铜镍比常为1:2左右，即铜少镍多，所以才要

"点"入红铜，以得到成分合适的白铜。

另据明末宋应星的《天工开物》载："以砒霜等药制炼为白铜"、"用砒升者为白铜器，工费倍难"。故估计当时云南各矿出产的白铜中，还有一部分砷白铜。

镍白铜可以做成不锈的各种用具，砷白铜具有良好的加工性能。清代常以所炼白铜制成面盆、水烟斗、墨盒等。所有白铜产品，老百姓都十分喜爱。

云南白铜还曾大量出口海外，并一度引起外国公司的模仿、研制热。18 世纪的欧洲，餐具、烛台等都以中国白铜为贵。当时法国人杜霍尔德羡慕地说："最特殊的铜是白铜……它完全像银一样……这种铜除了中国，可能任何地方都没有。"

镍白铜和砷白铜的发明和生产，是世界冶金史上的一项重要成就。

黄铜是明清时代另一类重要的产品。至迟明代中叶，黄铜生产已由红铜掺加炉甘石入炉熔炼的阶段发展到了以红铜加金属锌共同熔炼合金的阶段。

明代前期炼制黄铜，通常是以红铜与炉甘石混装入泥瓦罐中，入炉熔化。大体每 10 市斤红铜，要加入炉甘石 6 市斤。在生产实践中，人们发现炉甘石烟大，损耗也大，又改用倭铅即金属锌与红铜一起入炉冶炼。自改用金属锌后，每 6 市斤红铜要配以 4 市斤金属锌。二者装入泥瓦罐中熔化，冷却后即成黄铜，可供人任意打造成器。

明清时期，铸钱、铸器、铸造佛像，是铜的三个最主要的用途。明清时期除以铜与锡、铅熔炼铸造青铜钱外，还大量以黄铜铸钱。经检验，明清钱币中，不少钱的含锌量高达 20% ～ 50%。黄铜钱取代了青铜钱的垄断地位。以铜铸器的范围非常广泛，日常生活用品如盆、壶、水烟壶、灯、炙炉、斗、锁等是常见的几种以铜为原料制作的器物。一部分兵器如枪、炮的制造，也常常需要铜器。以铜铸器，最著名的莫过于举世闻名的艺术品宣德炉了。明清时期，尤其是清代，用于铸造佛像的铜量很大。清廷笃信佛教，动辄修寺院（如承德外八庙），造佛像。建筑装饰是铜的另一个重要用途。

8 淘金与炼银

明初，政府对金银的开采持消极态度。作为开国之君的朱元璋认为官办金银矿对统治者具有很大威胁，当他的手下大将徐达奏请兴举山东的旧银场时，朱元璋予以拒绝，并对徐达说："我了解开办银矿的后果，那是于政府利益并不大，于百姓则多有害处的事情。"由于朱元璋的这种认识，明初政府只是对于已经开采的金银矿采取课"常额"的征税办法。那些在战乱中废闭的矿山则一律不得开采。

永乐年间，社会经济的发展对金、银的需求大增，明朝廷不得不对既往政策加以调整，开始重视金银的生产。永乐十二年（1414 年），政府在湖南和贵州都开了新的金银矿，并遣提督官采办管理。永乐十九年，又遣政府官员督办浙江、福建的银矿。至明朝后期，原禁止开银矿的政策被彻底推倒，朝廷开始派官吏到处勘察开发新银矿。

明神宗是开发金银矿最积极的倡导者。

明代后期开采金银的过程中，一些金银矿主因相互争利，发生了不少械斗事件。浙、闽一带，曾发生较大规模的骚动，给明朝的统治造成一定威胁。

清统治者得天下后，鉴于明末金银矿开采中的暴力事件，对金银矿的开采采取了因地制宜的方针。即如果金银产地政治较为安定，不易导致纠纷，则允许百姓自由开采，政府只加征收常额矿山税；如果金银矿产地有碍民田庐墓、山川风水，或者矿工有聚众闹事迹象时，立即关闭矿山。所以《清史稿·食货志》中记载的金银矿场，有多处是时开时闭的。如顺治初年（1644 年）开采的山东临朐、招远银矿，到顺治八年（1651 年）即被关闭。

但清廷的库藏金银及清初开矿所获，架不住连年的巨额开销。康熙、乾隆时，屡次用兵平藩、平叛，耗金银甚多，故到嘉庆、道光年间，国家财政已很困难。统治者复又提出兴办矿业的计划。

明代虽未积极提倡开采金银，但近三百年的稳定局面，仍使得广大的金银矿山得以开发。

明代金矿主要分布于中国西南地区，其中以云、贵、川、湘居多，到清代时北方金矿，尤其是山东境内金矿的开采步伐加快。

明清银矿的开采主要也集中于南方地区，尤其是今云、贵、两广及湖南数省境内，其他地区如福建、山西、陕西、山东、河北也都分布有规模不等的金银矿藏。

明代全国黄金总产量无资料可考。永乐初年，因不提倡大力开采金矿，每年只有很少的"课金"入账。但永乐十四年后，课金数额迅速增加，常在千两以上或数千两。最多时达 5340 两（永乐二十一年，即 1423 年）。宣德以后，课金额又有所下降，大体保持每年三四百两的水平。

明代的银课，各年数量不一，但总的趋势是越来越多。自永乐元年至宣德九年（1403～1434 年）的 31 年间，银课由年 8 万余两逐渐增加为 32 万两（但宣德五年及洪熙元年甚少，分别只有 3 万余两）。万历年间的高额课银数与明神宗大力开采银矿有关。当时由于神宗急于搜取各地金银以充捉襟见肘的国库，派出官员四处勘察矿脉，并主持新矿开发，以致"普天之下无地不开矿"。但万历期间的大规模开矿曾经造成许多负面效应。一些派出的官员不顾矿脉贫富有无，一味征取"课额"，部分官员还大肆搜刮民间金银，敲诈贪污，以致民间怨声载道，甚至酿成反政府抗争。

清代开采黄金的极盛时期，是清光绪年间。1840 年以前，黄金产量不大。清初较大的金矿甘肃敦煌的沙州金矿，年产量不足 2000 两，其余小矿产量更低。

清代的银矿产地虽然很多，但多是有开有闭，互为消长。现代学者估算，清代最主要的银产地云南，在康熙二十四年至道光十七年（1685～1837 年）前后 150 余年间，全省的平均产银量约为 30 万～40 万两。

明清时期找金银矿，已总结出丰富的经验。明代陆容在《菽园杂记》中描述说，银矿矿脉开始之时，微如毫发，隐于顽石之中，很难发现。不同地段的矿脉，颜色和矿体都有所差异。一箩重25市斤的矿，得银多时可以有二三两，得银少时仅三四钱。矿脉的深浅并不千篇一律，有的仅有一露头；有的则深达数丈；有的矿眼看已绝，但忽又兴盛，这种矿称为"过壁"；有的在沿矿开采时忽然不见了矿脉，但在数丈之外，矿脉重现，这种矿叫做"虾蟆跳"。

采矿主要以坑采为主。采坑多数情况下只容一人通过。矿坑的深度，随矿脉情况而定，一般以采完为止。最重要的采矿工具是铁钎和铁锤。烧爆法也是常用的采矿手段。1950～1960年代，考古工作者在秦岭山区发现明清时期的金银矿甚多。遗留下来的矿洞，大部分只能由一人爬行通过，但也有大如殿堂者。矿洞都没有支护设备。从山区中保留的碾金碾、碾金槽看，当时的矿料都是就地加工。

黄金的提炼较为简单。明清时大抵以传统方法采金，或者略作改进。所采金矿砂，都要舂碓成粉末，然后和水磨成细粉，并倒入木桶中用水浸泡，再用杨梅树片渍搅数次。这样，金粉因比重大而沉入桶底，石粉因比重较轻而浮在上面。清代前期生产砂金时，淘取出后，再以水银掺入，使其成为团形金汞剂，然后蒸发水银取得黄金。

明清时期银矿的提炼，则主要采用"灰吹法"。冶炼前先将矿碓细，并于水桶中充分搅拌，再用盆（细矿用尖底盆，较粗的矿石用较大的木盆）淘洗。再用米糊将精选后的矿料做成一个个圆团，入炉烧结成为所谓窑团。窑团再入炉冶炼，但窑团入炉前，先要在炉中将铅化开。窑团入炉后，用力鼓风，加强火力，则铅与银一起沉于炉底，形成所谓"铅砣"。适当的时候，将炉打碎，掀掉炽热的炭料并掠去浮于铅砣上的杂质，便可取出铅砣。最后，在地上用干净的炉灰作成浅灰穴，置铅砣于灰穴内，装上炭再次冶炼，铅将从铅砣中排出，银被提纯，并沉入浅灰穴中的炉灰内。去掉炉灰，即能收到纯银。

明清金银的加工技术，最值得一提的是金银分离之法和黄金成分分析法。

金银分离之法是先将金银合金打成薄片，剪碎，每块都用泥包好，再放入坩埚中熔化，银即被吸入包泥内，金则流出成足色。而被吸入泥中的银，只需以少许铅"勾引"，即可复出。若欲估测金的成色，必先取得试金石。将试金石置于鹅汤中烹煮，即光黑如漆。再将要估测成分的金块（片）置于石上，则七青八黄九紫十赤自明。

明清金银的用途与前代相比又略有变化。其突出的是金银进一步深入市场，成为人们交易时的常用等价物。

明初市场原本采用纸币和铜钱，以金银做交易是政府不允许的，但随着工商业的发展，江南一带的赋税被允一律以银折纳，银由此步入市场，成为人们信任的货币，黄金随之也半公开地在市场上折价使用。明代黄金与银之间的价格最初为 1：4，但因黄金稀少，稀而为贵，不久金银比价即上串到 1：10，以致最后朝廷不得不平抑金价，使金银价比抑回。清代因银矿开采甚于金矿，加上人们囤聚黄金的强烈愿望，金银比价又逐渐加大，以致发展为 1：14 或 1：16 的大差额比价。

明清制作金银器之风甚炽。现今我们仍可见到大批传世的明清金银器。器类涵盖日用类、装饰类、陈设类等。常见的如碗、壶、爵、杯、碟、勺、如意、冠、瓶、印等等。其中相当一部分以珍珠、宝石、玛瑙相嵌，精美华贵，工艺水平大胜于前。

4 金属锌的提炼

金属锌通常呈黄色，有金属光泽，密度 7.14 克/厘米^3，熔点 419.5℃，沸点 908℃。

锌的熔点虽低，但锌的提炼却是比较困难的。因为氧化锌还原为金属锌的温度通常在 1000℃ 以上，这个温度高于锌的沸点。普通条件下当锌还原出来后，气体状态的锌会同空气或还原中产生的二氧化碳接触，重新变成氧化锌。

目前所知，中国炼锌术始于明代。一般认为，这一技术的发明，是从生产黄铜开始的。

自然界所出产的锌矿，主要是菱锌矿和异极矿。明清时期称前者为炉甘石，是当时炼锌的主要矿料。

明清时期，菱锌矿的产地，以四川、湖南和山西一带为最多。

用炉甘石即菱锌矿炼制黄铜，至迟始于宋代。一部分考古发掘的宋代黄铜钱，可能即是炉甘石炼制的黄铜铸造的。

元代和明代，以炉甘石炼黄铜已很普遍。元代人用"赤铜入炉甘石，炼为黄铜，其色如金"这样的话来描述黄铜的冶炼。明代李时珍说得更为通俗："炉甘石大小不一，状如羊脑，松如石脂，赤铜得之，即化为黄。今之黄铜皆此物点化也。"

正是在以炉甘石炼黄铜的过程中，人们才得以发明金属锌的提炼技术。

《天工开物》一书对当时锌的炼制过程有一些记载："每炉甘石十斤，装载入一泥罐内，封裹泥固，以渐砑干，勿使见火拆裂。然后逐层用煤炭饼垫盛，其底铺薪，发火煅红，罐中炉甘石熔化成团。冷定毁罐取出，每十耗其二，即倭铅（锌）。"就是说，明代炼锌时，通常以每10市斤菱锌矿作为一个冶炼单位装入泥罐之中，罐外还要用泥封裹加固，为了不使封裹好的泥罐开裂，只能慢慢地让它自然干燥。用作炼锌的煤炭要先制成煤饼。装炉时，煤饼与料罐要分层铺开。引火的柴草放在最底下。点燃柴草，冶炼即开始。温度升高后，罐中的菱锌矿即会熔炼出金属锌。炼制金属锌的过程中，以泥罐封闷，是炼锌术的关键。它解决了锌还原后在气态下重新氧化的问题。

掌握炼锌术后，明代究竟以多大的规模投产锌的炼制，目前无资料可循。宣德三年（1428年），曾经铸造了一大批黄铜鼎彝，用金属锌达1.36万市斤，由此估计，当时炼锌已有一定规模。

清代，锌的生产提炼正式见于记载。乾隆晚期，湖南桂阳、郴州两地年产锌总计 13 万市斤。广西融县四项山锌矿和贵州威宁锌矿是清代的两个著名锌矿。

明清时期中国大规模炼锌，在当时世界上产生了深远影响。

欧洲在 16 世纪时才发现了锌这一金属，17 世纪中叶才知道从炉甘石中可以得到锌，但一直没能解决锌的冶炼问题。

中国是世界上最早掌握火法炼锌的国家之一，并向世界传播了炼锌技术，为人类文明事业做出了重大贡献。遗憾的是，18 世纪以后，中国因内政腐败，炼锌设备一直停留在原有水平。英法等国掌握了炼锌技术后，很快迎着工业革命的浪潮，改进了设备，炼锌水平逐渐赶上。20 世纪时，西方开始了水法炼锌，在技术上超过了中国。

其他有色金属的冶炼

明清时期，有色金属的冶炼迅速发展起来。除传统的金、银、铜、铅、锡外，锌矿、锑矿、锰矿、钨矿也被逐渐开采。锑的产量一度在世界上保持领先水平。

（1）铅与锡。

明清两朝制定的开采铅、锡矿的政策与铜矿政策类似。明初仅维持现状，但允许百姓自由开采，照"常额征税"。清代鼓励老百姓开采铅和锡，政府委官协助管理，并课以一定赋税。

明代的铅矿集中于今山东、安徽、四川、广东、江西等省境内。清代铅矿开采的步伐加快。湖北、云南、贵州等地区增加了许多新矿场。

明清时期的锡矿矿藏主要以广西、广东、湖南、云南、福建、山西较多。

铅的出产量，可从明代的"常课"中看出一些迹象。白寿彝先生提出，永乐元年（1403 年）至十五年期间，铅课的常量为 4 万 ~ 10 万市斤左右。但其中有 3 年达到了 90 万斤以上。永乐十六年以后，课铅量渐少，两万余斤几乎成为常课量。

清代的铅、锡出产，虽无总量可考。但从生产规模大、开采时间长、产量也很稳定的个旧锡厂所产锡的出省量看，全国锡产量数字是相当大的。雍正二年（1724 年），通过商贩输出云南的锡量达到 144 万市斤左右。

锡和铅的熔点低，冶炼方法比较简单。

明代炼锡，用的是一种被称为洪炉的炼炉。这种炉以砖砌成，作长方形。矿砂从上部炉口加入，下部有一小孔出锡。高温的金属锡出炉后，流入炉前的一池中去渣，再以勺盛至另一池中铸成锡锭。通常以数百斤矿砂为冶炼一次的量。燃料常用木炭。炼数百斤矿砂，也需木炭数百斤。如果炼制过程中矿砂不化，即加入少量铅，如此锡矿就能"沛然流注"。

熔炼方铅矿取铅时，炉旁要安置好出铅的管道，并在炉旁掘出长条形的土槽。矿石入炉升温到一定温度，金属铅即顺着炉旁的管道流入土槽中。冷却后从土槽中取出的金属铅，当时称为扁担铅，也叫出山铅。

铅与锡除用于铸钱外，还作为置换剂用于胆水冶铜。明清时期，尤其是明代，人们喜用金属锡制作锡器，如香炉、壶、灯等。这类锡制品或作为供器用于寺庙、家庭，或作为随葬品置于墓葬中。如江西新建明代朱权墓中出土的明代锡鼎、锡煮壶、锡杯。明清铅器除香炉、铅罐等容器外，还包括其他方面的器具。20世纪60年代，考古工作者在云南呈贡王家营发掘了一座明墓，墓中出土的铅器有铅狗、铅鸡、铅砚台、铅俑、铅剪刀。

由于中国锡矿资源丰富，矿场众多，因此虽然长时间内是土法炼锡，但锡的炼制在全世界都有较大影响。19世纪末和20世纪初，中国的锡曾出口国外。为了改善技术条件，1909年，中国储量最丰富、生产规模也较大的云南个旧锡矿曾向德国订购洗选、冶炼、化验、动力等设备。1940年，云南还成立锡公司。锡矿的开采和锡的生产更具规模，产量达到历史最高点。1943年，中国还创造了调温结晶法冶炼纯锡。因而中国在近代有色金属的冶炼上，锡的炼制可以称得上是一枝独秀。

（2）锑、钨、锰的采炼。

中国的锑矿最早发现于湖南新化县，明代曾被当做锡矿开采。清朝正式开采锑矿。锑的冶炼过程是，先将辉锑矿焙烧为氧化锑，氧化锑在高温下挥发出炉外，冷凝后入还原炉还原成纯锑。清代末期，中国锑的产量在全世界占了相当高的份额。如1908年，中国出产的锑占了世界总产量的50%。该年正是湖南商办华昌炼锑公司从法国引进挥发烘砂炼锑法炼锑的那一年。在 20 世纪的头 20 年，是湖南的冶锑工业兴盛时期。然而当时炼锑的技术总的来看还是十分落后的。如湖南新化采炼锑矿的大小一百余家厂矿中，月产矿不满 10 吨者占了将近三分之二。

20 世纪初，中国开始开采钨矿。1918 年，全国的钨产量约达 5000 余吨。因中国钨矿矿床主要分布于江西、湖南、广东三省，所以最初钨矿集中开采的地点也在三省境内，其中以江西最多。1920～1930 年代的钨矿经营方式，有官营和民营两种。

清末还曾有过锰矿的开采。1914 年浙江商人组织锰矿公司，在湖南的湘潭开采锰矿，年产两万吨。

（3）汞的提炼。

明初的朱砂和水银的生产以贵州为盛。今贵州万山县是明初最重要的朱砂、水银矿产地。明代汞矿产地还见于湖南、浙江、河北、广东、广西、四川等省。

明代盛采的贵州万山汞矿，到清代似已衰落。到清代的汞矿，主要分布于湖南、广西、贵州、陕西、山西、山东等地。

明代的朱砂和水银产量，史无可查。永乐十三年（1415 年），贵州左布政使蒋廷瓒等率宣慰郡县官民来朝，以马百匹、黄蜡千市斤、水银 430 市斤、朱砂 35 市斤作为贡品。以此估计，明代水银和朱砂的产量是相当高的。清初的水银产量，有学者曾据征课额加以计算，认为清初仅贵州汞矿的年水银产量即达 5443 市斤。

参考书目

1. 北京钢铁学院《中国冶金简史》编写小组编《中国冶金简史》，科学出版社，1978。

2. 杨宽：《中国古代冶铁技术发展史》，上海人民出版社，1982。

3. 杜石然、陈美东等编著《中国科学技术史稿》，科学出版社，1982。

4. 夏湘蓉等：《中国古代矿业开发史》，地质出版社，1983。

5. 华觉明等：《中国冶铸史论集》，文物出版社，1986。

6. 《当代中国黄金工业》编委会编《中国古近代黄金史稿》，冶金工业出版社，1989。

7. 梁家勉主编《中国农业科学技术史稿》，农业出版社，1989。

8. 李京华：《中原古代冶金技术研究》，中州古籍出版社，1994。

后　记

　　这样一本科普小册子，本无须写什么"后记"。但看完校样以后，总感到还有些其他的话要说出来。

　　我对古代金属冶炼产生兴趣，细想起来与我父亲有关。

　　父亲是个热处理工。当年他工作的车间，与我就读的小学仅一墙之隔。我通常就在他的堆放着各种钢材的车间里用午餐。从父亲那里，我学会了许多名词，如熟铁、生铁、马口铁、球墨铸铁、高碳钢、低碳钢、淬火、翻砂、锻造等，并对不同钢材的性能也有所了解。父亲好学善思，为学习技术，不惜从微薄的工资中拿出一部分钱来购买参考书。中国古代冶铁术的起源，曾是他试图搞清楚的问题之一。但限于条件，父亲直到退休也没能找出一个令自己满意的答案。我入北京大学考古系后，一直收集有关这一问题的科研资料。1993年，我写出《中国冶铁术的起源问题》一文（见《考古》1993年第6期），对冶铁技术在中国的出现提出了自己的看法，算是帮父亲了却一桩心愿。

　　我选定中国青铜时代考古作为自己的研究方向，

恐怕也与自己对金属文物的独特兴趣分不开。主持安阳殷墟遗址的发掘工作后，我有机会大量接触商代青铜器，开始对中国古代铜、铅、锡等金属的冶炼与青铜铸造发生强烈兴趣。1994年，时任中国社会科学院考古研究所所长的任式楠先生希望我参与《中华文明史话》学术普及活动，并承担《矿冶史话》一书的撰写。我欣然接受了。当初稿送到著名冶金史专家华觉明教授手中时，内心十分忐忑。令我欣慰的是，华觉明先生给予了热情鼓励，认为本书在许多方面提出了重要见解，是一部具有较高学术性的通俗读物。华觉明先生还对初稿提出了不少修改意见，并被我采纳。因此我首先要感谢他对作者的关爱与帮助。

　　本书虽包括有不少个人研究心得，但多数内容仍然属综述其他学者的科研成果。夏湘蓉等的《中国古代矿业开发史》、北京钢铁学院（现北京科技大学）编著的《中国冶金简史》以及杨宽先生的《中国古代冶铁技术发展史》，是最主要的参考书。书中有关唐代金银器的论述，直接引用了北京大学考古系齐东方教授近年完成的博士论文中的部分内容，鲜有改动。中国大百科全书出版社龙以律老师和严峻老师为这本科普小册子的面世付出了辛勤劳动。客观地说，这本科普读物，凝聚了上述提到的和限于篇幅没有提到的诸多科学工作者的心血。因此我很赞赏中国大百科全书出版社在这套丛书中不采用"×××著"的方式署名的实事求是的态度。

《中国史话》总目录

系列名	序号	书名	作者	
物质文明系列（10种）	1	农业科技史话	李根蟠	
	2	水利史话	郭松义	
	3	蚕桑丝绸史话	刘克祥	
	4	棉麻纺织史话	刘克祥	
	5	火器史话	王育成	
	6	造纸史话	张大伟	曹江红
	7	印刷史话	罗仲辉	
	8	矿冶史话	唐际根	
	9	医学史话	朱建平	黄 健
	10	计量史话	关增建	
物化历史系列（28种）	11	长江史话	卫家雄	华林甫
	12	黄河史话	辛德勇	
	13	运河史话	付崇兰	
	14	长城史话	叶小燕	
	15	城市史话	付崇兰	
	16	七大古都史话	李遇春	陈良伟
	17	民居建筑史话	白云翔	
	18	宫殿建筑史话	杨鸿勋	
	19	故宫史话	姜舜源	
	20	园林史话	杨鸿勋	
	21	圆明园史话	吴伯娅	
	22	石窟寺史话	常 青	
	23	古塔史话	刘祚臣	
	24	寺观史话	陈可畏	
	25	陵寝史话	刘庆柱	李毓芳
	26	敦煌史话	杨宝玉	
	27	孔庙史话	曲英杰	
	28	甲骨文史话	张利军	
	29	金文史话	杜 勇	周宝宏

系列名	序号	书 名	作 者	
物化历史系列（28种）	30	石器史话	李宗山	
	31	石刻史话	赵 超	
	32	古玉史话	卢兆荫	
	33	青铜器史话	曹淑芹	殷玮璋
	34	简牍史话	王子今	赵宠亮
	35	陶瓷史话	谢端琚	马文宽
	36	玻璃器史话	安家瑶	
	37	家具史话	李宗山	
	38	文房四宝史话	李雪梅	安久亮
制度、名物与史事沿革系列（20种）	39	中国早期国家史话	王 和	
	40	中华民族史话	陈琳国	陈 群
	41	官制史话	谢保成	
	42	宰相史话	刘晖春	
	43	监察史话	王 正	
	44	科举史话	李尚英	
	45	状元史话	宋元强	
	46	学校史话	樊克政	
	47	书院史话	樊克政	
	48	赋役制度史话	徐东升	
	49	军制史话	刘昭祥	王晓卫
	50	兵器史话	杨 毅	杨 泓
	51	名战史话	黄朴民	
	52	屯田史话	张印栋	
	53	商业史话	吴 慧	
	54	货币史话	刘精诚	李祖德
	55	宫廷政治史话	任士英	
	56	变法史话	王子今	
	57	和亲史话	宋 超	
	58	海疆开发史话	安 京	

系列名	序号	书名	作者
交通与交流系列（13种）	59	丝绸之路史话	孟凡人
	60	海上丝路史话	杜瑜
	61	漕运史话	江太新　苏金玉
	62	驿道史话	王子今
	63	旅行史话	黄石林
	64	航海史话	王杰　李宝民　王莉
	65	交通工具史话	郑若葵
	66	中西交流史话	张国刚
	67	满汉文化交流史话	定宜庄
	68	汉藏文化交流史话	刘忠
	69	蒙藏文化交流史话	丁守璞　杨恩洪
	70	中日文化交流史话	冯佐哲
	71	中国阿拉伯文化交流史话	宋岘
思想学术系列（21种）	72	文明起源史话	杜金鹏　焦天龙
	73	汉字史话	郭小武
	74	天文学史话	冯时
	75	地理学史话	杜瑜
	76	儒家史话	孙开泰
	77	法家史话	孙开泰
	78	兵家史话	王晓卫
	79	玄学史话	张齐明
	80	道教史话	王卡
	81	佛教史话	魏道儒
	82	中国基督教史话	王美秀
	83	民间信仰史话	侯杰
	84	训诂学史话	周信炎
	85	帛书史话	陈松长
	86	四书五经史话	黄鸿春

系列名	序号	书 名	作 者	
思想学术系列（21种）	87	史学史话	谢保成	
	88	哲学史话	谷 方	
	89	方志史话	卫家雄	
	90	考古学史话	朱乃诚	
	91	物理学史话	王 冰	
	92	地图史话	朱玲玲	
文学艺术系列（8种）	93	书法史话	朱守道	
	94	绘画史话	李福顺	
	95	诗歌史话	陶文鹏	
	96	散文史话	郑永晓	
	97	音韵史话	张惠英	
	98	戏曲史话	王卫民	
	99	小说史话	周中明	吴家荣
	100	杂技史话	崔乐泉	
社会风俗系列（13种）	101	宗族史话	冯尔康	阎爱民
	102	家庭史话	张国刚	
	103	婚姻史话	张 涛	项永琴
	104	礼俗史话	王贵民	
	105	节俗史话	韩养民	郭兴文
	106	饮食史话	王仁湘	
	107	饮茶史话	王仁湘	杨焕新
	108	饮酒史话	袁立泽	
	109	服饰史话	赵连赏	
	110	体育史话	崔乐泉	
	111	养生史话	罗时铭	
	112	收藏史话	李雪梅	
	113	丧葬史话	张捷夫	

系列名	序号	书名	作者	
近代政治史系列（28种）	114	鸦片战争史话	朱诲汉	
	115	太平天国史话	张远鹏	
	116	洋务运动史话	丁贤俊	
	117	甲午战争史话	寇伟	
	118	戊戌维新运动史话	刘悦斌	
	119	义和团史话	卞修跃	
	120	辛亥革命史话	张海鹏	邓红洲
	121	五四运动史话	常丕军	
	122	北洋政府史话	潘荣	魏又行
	123	国民政府史话	郑则民	
	124	十年内战史话	贾维	
	125	中华苏维埃史话	温锐	刘强
	126	西安事变史话	李义彬	
	127	抗日战争史话	荣维木	
	128	陕甘宁边区政府史话	刘东社	刘全娥
	129	解放战争史话	汪朝光	
	130	革命根据地史话	马洪武	王明生
	131	中国人民解放军史话	荣维木	
	132	宪政史话	徐辉琪	傅建成
	133	工人运动史话	唐玉良	高爱娣
	134	农民运动史话	方之光	龚云
	135	青年运动史话	郭贵儒	
	136	妇女运动史话	刘红	刘光永
	137	土地改革史话	董志凯	陈廷煊
	138	买办史话	潘君祥	顾柏荣
	139	四大家族史话	江绍贞	
	140	汪伪政权史话	闻少华	
	141	伪满洲国史话	齐福霖	

系列名	序号	书名	作者
近代经济生活系列（17种）	142	人口史话	姜涛
	143	禁烟史话	王宏斌
	144	海关史话	陈霞飞 蔡渭洲
	145	铁路史话	龚云
	146	矿业史话	纪辛
	147	航运史话	张后铨
	148	邮政史话	修晓波
	149	金融史话	陈争平
	150	通货膨胀史话	郑起东
	151	外债史话	陈争平
	152	商会史话	虞和平
	153	农业改进史话	章楷
	154	民族工业发展史话	徐建生
	155	灾荒史话	刘仰东 夏明方
	156	流民史话	池子华
	157	秘密社会史话	刘才赋
	158	旗人史话	刘小萌
近代中外关系系列（13种）	159	西洋器物传入中国史话	隋元芬
	160	中外不平等条约史话	李育民
	161	开埠史话	杜语
	162	教案史话	夏春涛
	163	中英关系史话	孙庆
	164	中法关系史话	葛夫平
	165	中德关系史话	杜继东
	166	中日关系史话	王建朗
	167	中美关系史话	陶文钊
	168	中俄关系史话	薛衔天
	169	中苏关系史话	黄纪莲
	170	华侨史话	陈民 任贵祥
	171	华工史话	董丛林

系列名	序号	书名	作者
近代精神文化系列（18种）	172	政治思想史话	朱志敏
	173	伦理道德史话	马勇
	174	启蒙思潮史话	彭平一
	175	三民主义史话	贺渊
	176	社会主义思潮史话	张武　张艳国　喻承久
	177	无政府主义思潮史话	汤庭芬
	178	教育史话	朱从兵
	179	大学史话	金以林
	180	留学史话	刘志强　张学继
	181	法制史话	李力
	182	报刊史话	李仲明
	183	出版史话	刘俐娜
	184	科学技术史话	姜超
	185	翻译史话	王晓丹
	186	美术史话	龚产兴
	187	音乐史话	梁茂春
	188	电影史话	孙立峰
	189	话剧史话	梁淑安
近代区域文化系列（11种）	190	北京史话	果鸿孝
	191	上海史话	马学强　宋钻友
	192	天津史话	罗澍伟
	193	广州史话	张磊　张苹
	194	武汉史话	皮明庥　郑自来
	195	重庆史话	隗瀛涛　沈松平
	196	新疆史话	王建民
	197	西藏史话	徐志民
	198	香港史话	刘蜀永
	199	澳门史话	邓开颂　陆晓敏　杨仁飞
	200	台湾史话	程朝云